会 讲 故 事 的 童 书

一口吞下教科书

奇妙科学
研究所

（全二册）

① 物质·生命

〔韩〕 李净雅 著
〔韩〕 罗仁完 绘
向 阳 译

中国水利水电出版社
www.waterpub.com.cn
·北京·

大家好！欢迎来到奇妙科学研究所。这里是一所能够让你牢牢记住科学概念的神奇研究所。快跟着我们的首席研究员萌米、喵靓一起带着好奇心去探险，开开心心地认识科学概念吧。在这里，你可以穿着大树做成的衣服，会遇见能钻进嘴巴里的蛀牙细菌，还会去地球上最烫的大海里探险！好，事不宜迟，我们现在就开始吧！

① 好奇的问题

啊，好疑惑！萌米和喵靓的探险是从生活中的好奇心开始的。如果你也有相同的疑问，那么请去 **②** 看一看吧！

探险示意图

物质

衣服为什么一定要用布来做？

如果穿上用木头做的 T 恤，胳膊会无法弯曲；如果穿上用铁做成的裤子，应该会被定在原位，一动不动了吧？所以，衣服要用柔软的布来制作。如此说来，用柔软的橡胶做衣服怎么样呢？橡胶不透气，穿久了的话，身上会大汗淋漓的！

最适合做衣服的材料是?

② 解答好奇心

萌米和喵靓将在这里展开自己的探险，用做实验、卡通画等丰富多彩且充满趣味的形式解答你的好奇心！你想知道与这个问题有关的科学概念吗？请去 **③** ！

如果用**木头**……

如果用**铁**……

如果用**橡胶**……

如果用**布**……

❸ 概念梳理

这里将会把与本问题有关的科学概念用易于理解的语言简单准确地解释出来。你还想了解更多的知识吗？请去 ❹！

物质就是指制作物体的材料。物体是我们看得见摸得着的所有东西，形成这些东西的就是物质！每种物质都具有自己的特性，比如，木头很坚硬，橡胶能够变形，塑料很轻，而棉花则很柔软。所以，物体的性质取决于它由什么样的物质形成。

可以用来制作衣服的各种物质

非常柔软。

柔软且有韧性！

布（纤维）

皮革

很坚硬。

金属

好轻！

塑料

❹ 深入了解概念

萌米和喵靓会出现在这里，更加详细和深入地解释这些概念，帮助你更好地理解它们。

🐻 可以用巧克力做衣服吗？

在一年一度召开的法国巴黎巧克力展览会上，观众们可以看到精彩的巧克力时装秀。但是，如果把巧克力制作的衣服普及开来，让更多人穿的话可是件难事。虽然巧克力可以散发出迷人的甜香，但是温度升高的话，马上就会融化掉。另外，使用巧克力制作服装非常费时，是件麻烦事。

❺ 拓展读物

这里会介绍一些与本章节科学概念相关的趣味科学常识。

003

01 物质

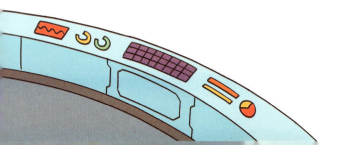

02 生命

01
物质

学习用品、玩具、厨房用品等围绕我们的各种物体是用什么材料制成的呢？下面就来了解构成物体的材料——物质具有什么样的性质以及是如何变化的。

衣服为什么一定要用布来做?

　　如果穿上用木头做的 T 恤，胳膊会无法弯曲；如果穿上用铁做成的裤子，应该会被定在原位，一动不动了吧？所以，衣服要用柔软的布来制作。如此说来，用柔软的橡胶做衣服怎么样呢？橡胶不透气，穿久了的话，身上会大汗淋漓的！

最适合做衣服的材料是?

如果用**木头**……
胳膊动不了了。
僵　硬

如果用**铁**……
呃，完全没法移动了。
哎哟

如果用**橡胶**……
好热……
救命啊！

如果用**布**……
最合适！

物质就是指制作物体的材料。物体是我们看得见摸得着的所有东西，形成这些东西的就是物质！每种物质都具有自己的特性，比如，木头很坚硬，橡胶能够变形，塑料很轻，而棉花则很柔软。所以，物体的性质取决于它由什么样的物质形成。

可以用来制作衣服的各种物质

可以用巧克力做衣服吗？

在一年一度召开的法国巴黎巧克力展览会上，观众们可以看到精彩的巧克力时装秀。但是，如果把巧克力制作的衣服普及开来，让更多人穿的话可是件难事。虽然巧克力可以散发出迷人的甜香，但是温度升高的话，马上就会融化掉。另外，使用巧克力制作服装非常费时，是件麻烦事。

固体

软绵绵的海绵是固体还是液体？

海绵是固体。你也许会问，海绵又不坚硬，为什么会是固体呢？虽然大部分固体是坚硬的，但并不是所有的固体都这样。形状固定不变的，当然是固体啦！你也许又会问，当我们用手挤压海绵的时候，它的形状明明会变啊？这是因为海绵在没有受到外力时，浑身遍布的小孔会被空气填满，从而引起了你的误会呀。

004

固体是无论被装在什么样的容器里，形状和体积都不会发生改变的物质。体积指的是物质所占据的空间的大小。固体可以直接用眼睛看到，用手触摸到。唔……就像塑料、木头和小石头那样！

固体的形状为什么不会变呢?

小石头

塑料

木头

食盐

白糖

食盐、白糖一类的颗粒或粉末

太郁闷了，我想出去走走。

我们是固体粒子，动不了的。

固体粒子密密麻麻地布满在固体内部，所以固体的形状不会发生改变！

空气中飘浮的灰尘也是固体

虽然灰尘十分微小，小到我们用肉眼看不见的程度，但它也是固体。这是因为灰尘的微粒具有不变的形状和大小。此外，橡胶和皮革虽然受到外力时会变形，但解除外力之后又会恢复到原来的模样，所以它们也是固体噢！

为什么有些饮料瓶的腰部很细？

是因为做成这样更适合用手抓握吗？当然，这是其中的一个原因。但最主要的原因是，这样做可以使相同量的饮料看起来更多。换句话说，瓶身纤细的饮料瓶可以少装一些饮料。不信的话，我们来对比一下吧！

液体是根据盛放容器的不同，形状会发生变化的物质。水、牛奶、饮料或油倒进杯子里就会变成杯子的形状，倒进汤锅里就会变成汤锅的形状。但是，无论盛放在什么容器里，液体的体积都不会发生变化。

液体的特征

比起固体粒子，我们液体粒子能够灵活自由地移动！所以可以改变形状。

如果更换盛放容器，液体的形状也会随之改变。

按一下试试。

液体即使受到外力，体积也几乎不会发生变化。

🐱 这个怪物到底是？

　　怪物"史莱姆"是由一种质地黏软，可以随心所欲变化形状的"水晶泥"制成的玩具。在水晶泥的液体内部，固体粒子均匀散布其中。像这样由两种不同状态的物质混合在一起的物质称为"胶体"。牙膏、凉粉和豆腐都属于胶体。

空气也会被冻僵吗？

围绕在我们周围、无处不在的空气通常情况下都是气体状态。但是，当温度降到零下数百甚至数千摄氏度的时候，空气也会变成液体或者固体噢，和水蒸气遇冷会变成水，水会结成冰是一样的道理。

气体能溶于水吗？

把可乐或雪碧等碳酸饮料快速倒入杯子里时，会"咕嘟……咕嘟"地冒出泡沫来。这个泡沫就是溶解在碳酸饮料里的二氧化碳。这个例子说明，气体是可以溶于液体的。

气体是形状和体积不固定的物质。就像空气、水蒸气和烟一样，气体的形状和体积取决于它所在的地方。

气体和液体一样，形状会随着容器发生变化。

我们是方形！

我们是球形！

气体的体积变化

在固体、液体和气体中，气体粒子是最自由的！

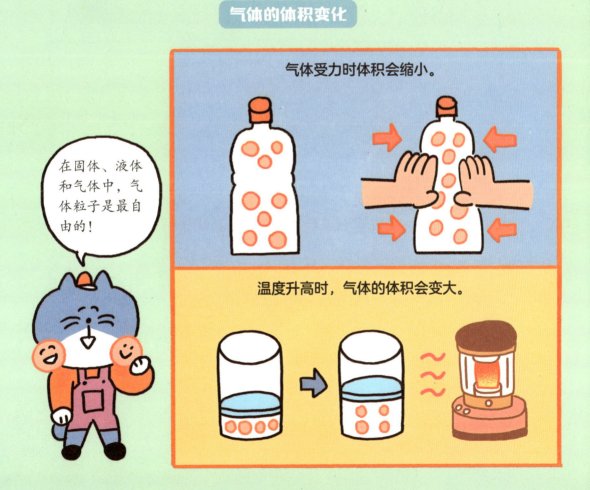

气体受力时体积会缩小。

温度升高时，气体的体积会变大。

面饼和调料包，先放哪个可以让方便面更筋道？

水开之后先放调料包，等汤煮开后再放面饼，这样煮出来的方便面会更筋道。这是因为比起纯水，放了调料包的汤水沸点更高，所以面饼可以在更高的温度中煮，也就会更有嚼劲啦。

为什么我煮出来的方便面总是不太筋道呢？

想要面条更筋道，得在更高的温度中煮才行呀！

但水是纯物质，沸点不会再升高了吧？

哈哈，把调料包放进去，沸点不就升高啦！

粉末调料包

在烧开的水里先放进调料包，等汤水煮开后再放入面饼。

这……

噢耶！

纯物质是指像水、盐或酒精那样，只由同种物质组成，不与其他物质混合在一起的物质。由于纯物质是由单一物质组成的，所以具有自己独特的性质。

水的性质

钻石和石墨是用同一种物质制成的！

世界上最坚硬的钻石和柔软到能在纸上写字的石墨竟然都是用一种叫作"碳"的元素制成的。碳元素广泛存在于动植物和矿物中。根据碳原子排列方式的不同，分别形成了钻石和石墨。

牛奶为什么既能做奶酪又能做黄油？

因为牛奶里既含有蛋白质又含有脂肪。把蛋白质过滤出来后发酵，再凝固就会形成奶酪。而把脂肪过滤出来做成奶油，加点盐再凝固后就是黄油啦。

我们之所以能喝牛奶，是因为"水"，这是牛奶中含量最多的成分。

哦，那么牛奶不仅仅含有蛋白质和脂肪。

混合物就是像牛奶这样由两种或多种物质混合在一起的物质。组成混合物的各种物质都保持着自己本身的性质。举个例子，盐水既和盐一样咸，又和水一样是液体。也就是说，盐水同时具有盐和水这两种物质的特性。

生活中常见的混合物

在水里加入调料包煮成的方便面汤

在水里加入大豆做成的豆浆

夹杂着芝麻的大豆

在水里加入盐制成的盐水

分离混合物的方法

因为混合物中的各物质都保持着自己原有的性质，所以很容易将它们分离出来。例如，大豆和芝麻混在一起时，只要用一个孔洞比芝麻大、比大豆小的筛子就很容易把大豆筛拣出来。而利用水沸腾后会变成水蒸气这一性质，可以通过煮沸盐水把盐单独分离出来。

干冰为什么会"冒烟"?

这是干冰使空气中的水蒸气遇冷产生的。干冰是利用二氧化碳在 −78.5℃条件下制作而成的"固态二氧化碳"。固态二氧化碳在常温中放置时会变成气体，这个过程中会使周边的水蒸气液化成小水珠。无数小水珠聚集在一起，看起来就像白雾一样。干冰比冰块的温度要低很多很多，直接用手触摸的话可能会造成冻伤，一定要小心哦！

物态变化指的是物体从固体变成液体，液体变成固体，以及固体变成气体等从一种状态变化到另一种状态的过程。物质不是只有一种状态，随着温度和压力的变化，物质的状态也会发生改变。比如，水在低于0℃的低温下会变成固体的冰，而在100℃的高温下却会变成水蒸气。除此之外，我们一起来了解一下更多的物态变化吧！

汽化

从液体变成气体。汽化分为**蒸发**和**沸腾**两种情况。

液化

从气体变成液体。水蒸气变成水这种**凝结**现象就属于液化的一种。

凝固

像水结冰那样，从液体变成固体。

融化

像冰化成水那样，从固体变成液体。

升华

固体变成气体的过程叫升华，反过来从气体变成固体的过程叫凝华。

所以干冰"冒烟"属于"升华"啊！

没错！

把果汁瞬间冰冻就可以得到冰沙吗？

往果汁里倒入"液氮"后，用勺子快速搅拌，就会得到薄冰般的冰沙。在-196℃条件下把氮气液化，就可以制成液氮。液氮可以让果汁瞬时冷冻，变成固体。

蒸发　热茶为什么会自动变少？

　　将泡好的热茶静置几小时后，会发现茶水变少了，这是"蒸发"造成的。茶水变成水蒸气进入了空气中，杯子里的茶就越来越少了。蒸发在高温条件下更易进行，所以通过杯子里的热茶很容易直观地观察到这一现象。此外，蒸发也会使茶渐渐凉下来。这是因为茶水在变成水蒸气的过程中会吸收周围的热量。

实验！寻找消失的茶水

1 将一块厚纸板放入冰箱冷冻室冷冻几小时。

2 往茶杯里倒入热水，沏一杯茶。

3 一只手拿着冷冻过的厚纸板，置于茶杯口上方。

4 纸板上出现了小水滴。这是由茶水蒸发出来的水蒸气凝结成的！

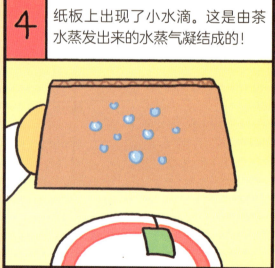

蒸发是指液体变成气体的现象。蒸发现象在液体的表面进行。天气越热、越干燥，就越容易出现蒸发现象。比起寒冷潮湿的天气，在阳光明媚的日子里更容易晾干衣服就是这个道理。并且，潮湿物体与空气的接触面越大，蒸发速度就越快。

生活中的蒸发现象

🐱 酒精蒸发的速度更快！

涂抹酒精给皮肤消毒时是什么感觉？是不是很凉快呢？这是因为酒精蒸发时会吸收周围的热量。酒精蒸发的速度比水快得多，所以用酒精涂抹皮肤比用水涂抹皮肤感觉更凉快。

水烧开的时候为什么会发出咕嘟咕嘟的声音?

　　咕嘟咕嘟的声音是气泡发出的。气泡是指进入液体中的看起来像泡沫一样的气体。水烧开后随着温度的升高,气泡会逐渐变大,数量也逐渐增多。气泡上升到水面后裂开,会发出咕嘟咕嘟的声音。如果很多气泡一起破裂的话,就会发出更大的声音。

沸腾是从液体变成气体的现象。你也许会问，那不是跟蒸发一样吗？不是的，两者有很大的区别。沸腾与蒸发不同，不只在液体表面发生，在液体内部也同时发生。此外，还有……

迅速区分！沸腾和蒸发

气泡咕嘟咕嘟升腾上来。
要持续加热才能保持沸腾状态。
水量快速减少！

不会产生气泡。
静置不加热也会蒸发。
水量慢慢地减少。

用高压锅煮米饭的原因是……

在高温下可以更快地做好饭。水沸腾会变成水蒸气，对吧？高压锅良好的密封性使水蒸气无法外泄而形成高压，从而使煮饭的水在非常高的温度下快速把饭煮熟。

听说非洲人用网子来蓄水？

　　没错，准确地说是用网子来收集水，通过一个用网子做成的巨大花瓶模样的集水塔来完成。集水塔是专为饮水困难的非洲人而发明的特殊装置。就像清晨草叶上会凝结露珠那样，集水塔用它细密的网丝来收集空气中的水分，凝结成水滴。这些水滴汇集在收集器里，经过层层过滤，最终变成干净的饮用水。

水蒸气是怎么变成水的?

当周边温度降低时,水蒸气就会变成水。如果往玻璃杯里倒入冰水,空气中的水蒸气就会在玻璃杯外壁上遇冷凝结成水!

啊,好凉快!不过为什么总在玻璃杯上看到有水流下来呢。难道它也会出汗?

这可不是汗,是水蒸气变成的水!这种现象叫作"凝结"!

凝结是指气体遇冷变成液体的现象。云、露水和雾都是由水蒸气凝结而成的。空气中水蒸气多的地方更易发生凝结。

玩转凝结现象的沙漠甲虫!

在水源匮乏的非洲沙漠中,生活着一种叫作"斯坦诺卡拉"(Stenocara)的甲虫,这种甲虫会收集露水饮用。也许你会问,它是怎么收集露水的呢?原来啊,它的背部有很多麻点状的凸起物。到了夜晚温度降低,空气中的水蒸气就会在这些凸起物上凝结成水滴。这样,甲虫只要顺着风向撅起屁股,就可以喝到自己背上储存的露水啦。

蜡笔和颜料为什么无法混合呢？

其实，并不是所有的颜料都不能和蜡笔混合！只有能溶于水的水性颜料无法与蜡笔混合。这是因为易溶于水的水性颜料和易溶于油的蜡笔相互排斥。水性颜料能够与水、果汁或可乐等与水相近的液体充分混合，但与蜡笔或食用油、苏子油这样的油性液体无法混合。

溶解是一种物质溶于另一种物质的现象。并且，两种物质必须均匀地混合在一起，没有残留才叫溶解，就像白糖或食盐溶于水那样。

像白糖这样被溶解的物质叫作**溶质**，像水这样能溶解其他物质的物质叫作**溶剂**。而像糖水这样溶质和溶剂均匀稳定混合在一起的物质叫作**溶液**。

肥皂能去除油污的秘诀是？

肥皂是一种既能溶于水，又能溶于油的十分特殊的"溶质"！因为肥皂同时具有这两种性质，所以既能用其中的油性成分轻易地洗掉油污，又能被水冲洗干净。

把鸡蛋放进醋里的话……蛋壳会消失吗?

因为醋是酸性物质,所以把鸡蛋泡进醋里较长时间之后,蛋壳会渐渐被溶解掉。究其原因,主要是由于鸡蛋壳的主要成分碳酸钙能溶于酸性物质。不仅是醋,可乐等其他酸性溶液也能使鸡蛋壳溶解。

实验!制作鸡蛋弹力球

1.把醋倒进装有生鸡蛋的透明杯子里,直至没过鸡蛋。

2.盖上杯盖,放入冰箱静置24小时。

3.用勺子轻轻地把鸡蛋捞出来,换一杯新醋。

4.重新盖上杯盖,再次在冰箱里放置24小时后取出。

5.鸡蛋壳消失不见了。整个鸡蛋就像一颗弹力球一样!

注意
不要给鸡蛋弹力球施加过大的力。鸡蛋表面的膜很薄,当心破裂!

酸就是散发酸味的物质。食醋能够散发出酸味就是因为含有"酸"。由于具有"酸性"，所以醋和柠檬都属于酸性物质。一个物质的酸性强弱可以用 pH 值来表示。pH 值的范围用 0~14 的数字来表示。

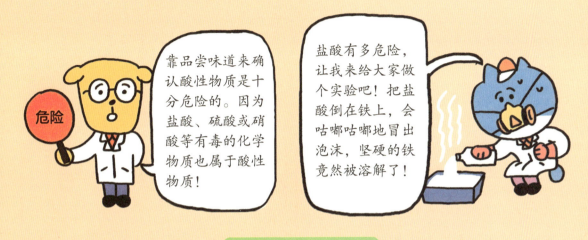

靠品尝味道来确认酸性物质是十分危险的。因为盐酸、硫酸或硝酸等有毒的化学物质也属于酸性物质！

盐酸有多危险，让我来给大家做个实验吧！把盐酸倒在铁上，会咕嘟咕嘟地冒出泡沫，坚硬的铁竟然被溶解了！

危险

常见物质的 pH 值

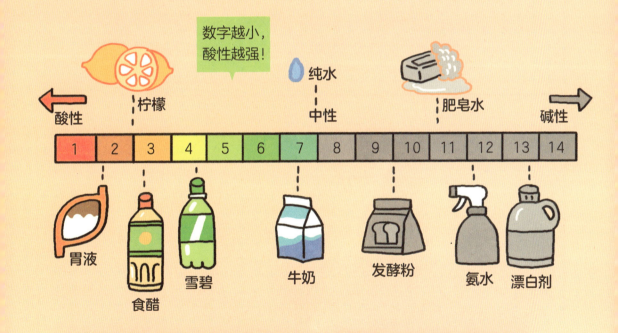

数字越小，酸性越强！

柠檬 | 纯水 | 肥皂水

酸性 | 中性 | 碱性

| 1 | 2 | 3 | 4 | 5 | 6 | 7 | 8 | 9 | 10 | 11 | 12 | 13 | 14 |

胃液 | 食醋 | 雪碧 | 牛奶 | 发酵粉 | 氨水 | 漂白剂

淋了酸雨会变成光头吗？

　　酸雨是指 pH 值小于 5.6 的酸性降水，主要是由汽车尾气等污染物质进入大气造成的。有种说法称"淋了酸雨会变成光头"，但实际上，即使多次淋到酸雨也不会变成光头。酸雨引起的实际问题要比变成光头严重得多，例如它会腐蚀建筑物或汽车，也会对农作物和动物造成伤害。

碱

为什么用肥皂水洗过的头发会变硬？

　　用肥皂水洗头时，附着在头发上的油垢会被溶解，但同时也会使头发丧失光泽。其实，少许的油脂会使头发保持柔软和润泽！如果往水里加入几滴食醋再冲洗一下，头发就不会那么硬挺啦。这是因为食醋会弱化肥皂对油脂的溶解。

碱是具有苦味的、有滑腻感的物质。生活中常见的碱性物质有肥皂、洗衣粉等。碱性的强度和酸性一样，都用 pH 值来表示。

和酸性物质一样，碱性物质也不能随意品尝！对吗？

是的！碱可以溶解蛋白质。像氢氧化钠这样的强碱性物质是非常危险的。

常见物质的 pH 值

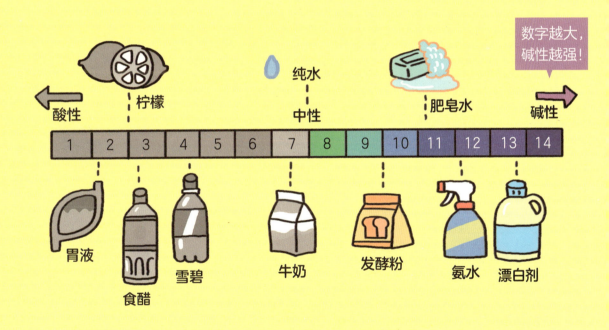

数字越大，碱性越强！

纯水

中性

肥皂水

酸性 ← | 1 | 2 | 3 | 4 | 5 | 6 | 7 | 8 | 9 | 10 | 11 | 12 | 13 | 14 | → 碱性

柠檬

胃液　食醋　雪碧　牛奶　发酵粉　氨水　漂白剂

巧用酸碱原理可以去除鱼腥！

鱼散发出的浓重腥味，试试用柠檬汁去除吧！散发鱼腥味的物质是碱性的，当与酸性的柠檬汁混合后，会逐渐失去原有的性质。酸碱适度混合在一起时会发生"中和反应"，既不是酸性也不是碱性。

用咖喱能区分出水、雪碧和肥皂水？

把黄色咖喱粉掺入酒精（乙醇）里，然后在得到的溶液中分别滴入水、雪碧和肥皂水。水和雪碧会呈现出黄色，而肥皂水却会变红。咖喱之所以能区分水、雪碧和肥皂水，是因为咖喱中所含的姜黄与溶液混合时，会根据溶液的性质呈现不同的颜色。

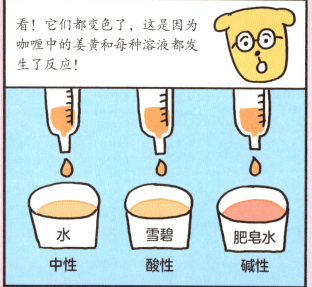

石蕊试纸

紫甘蓝经水煮后所得到的汁液可以做成**紫甘蓝指示剂**。

指示剂是一种物质，可以区分出表面很难分清的溶液。指示剂一经接触溶液，就会根据所接触溶液自身的酸碱性而变色。所以，即使不靠嗅觉和味觉，也可以区分出外表看起来差不多的雪碧和肥皂水。

指示剂还可以用来调查案发现场！

侦探电影或动作片中经常出现一个场景，侦探通过喷洒某种溶液来寻找血迹，这种溶液叫作"鲁米诺"。鲁米诺又叫"发光氨"，是一种指示剂，当它接触到血液时会释放出蓝紫色的荧光。即使是被水清洗过的血迹，使用鲁米诺也可以找到。

铁锁用久了为什么会生锈？

　　这是因为铁与空气中的氧气结合发生了氧化。不仅是铁锁，钥匙、铁丝或钉子等铁制品长时间放置于空气中或水中都会生锈。因为空气中和水中都含有氧气，铁和氧气结合变色所产生的物质叫作"锈"。那么，如果不想使铁快速生锈的话应该怎么做呢？

在钥匙表面涂上油或油漆的话，钥匙就不会直接接触到水，也就不会生锈啦。而用砂纸打磨的话，钥匙失去了表面的涂层，反而更容易生锈。

氧气是动植物呼吸所必需的气体，它无色也无味。物质与氧气结合生成新物质的现象叫作"氧化"。

氧气与物质结合会发生什么？

切开的苹果暴露在空气中，经过氧化会变成褐色！

摇动一次性暖手宝，不织布内的铁粉会氧化发热。

火药被点燃后，会出现氧化反应，呈现出美丽的烟花。

 血液呈现红色是由于铁的氧化

人体血液呈红色的原因是血液中含有红细胞。红细胞的作用是向全身输送氧气。红细胞中的血红蛋白里含有铁元素，它与氧气结合会呈现出红色。

二氧化碳

用嘴吹的气球为什么飘不起来?

这是因为我们嘴巴呼出的气体比空气更重。空气大部分是由氮气和氧气组成的，而我们呼出的气体中含有比相同体积的空气中更多的二氧化碳，二氧化碳比氮气和氧气都重。同样的道理，如果往气球中充入比空气更轻的氦气，气球就能高高地飞上天空了。

用嘴吹的气球

氦气气球

二氧化碳是纸张、木头和肉等物质燃烧时产生的气体。人或动植物呼气时也会产生二氧化碳。此外，如果在大理石、鸡蛋壳、粉笔或贝壳等物质上滴上酸性物质——稀盐酸的话，会出现泡沫，同时释放二氧化碳。二氧化碳和空气、氧气一样，也是无色无味的。

二氧化碳的用途

植物光合作用时会吸收二氧化碳，同时释放出氧气。

因为二氧化碳不能燃烧，所以经常被用来灭火。

🐱 二氧化碳正在使地球变暖

随着地球升温，人类面临气候危机的新闻越来越常见。许多科学家认为地球变暖的元凶就是二氧化碳。煤炭和石油等化石燃料燃烧时会产生二氧化碳，二氧化碳过多会使地球处于一个巨大的"温室"中。

砰！听说汽车是靠爆炸行驶的？

是的！在我们眼睛看不见的地方——发动机内部，气体被点燃后急剧膨胀爆炸从而使汽车产生动力。发动机内每分钟发生的"爆炸"次数竟能达到数千次之多。这种爆炸是进入发动机内的燃料与空气中的氧气相遇后燃烧形成的。

汽车发动机的工作原理

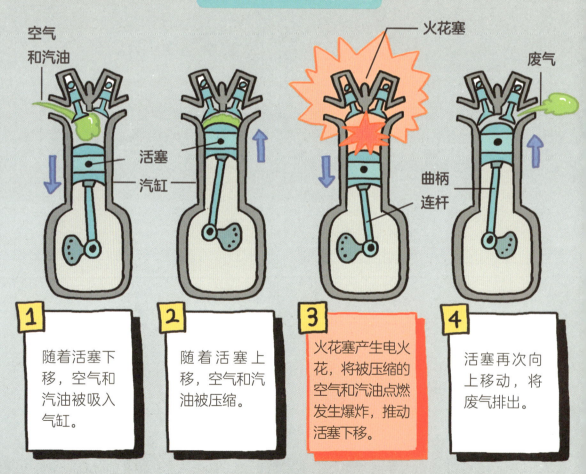

空气和汽油   火花塞   废气

活塞   汽缸   曲柄连杆

1 随着活塞下移，空气和汽油被吸入气缸。

2 随着活塞上移，空气和汽油被压缩。

3 火花塞产生电火花，将被压缩的空气和汽油点燃发生爆炸，推动活塞下移。

4 活塞再次向上移动，将废气排出。

活塞上下移动的同时，曲柄连杆也随之移动，带动车轮运转。

燃烧是指物质与氧气产生的一种放热发光的现象。就像燃气灶的火、篝火或烛火点燃时那样。物质燃烧时会产生水蒸气和二氧化碳。此外，燃烧过程中随着物质的体积变小或数量减少，同时也会产生新的物质。比如，蜡烛燃烧后体积变小，产生水和二氧化碳。

燃烧的三要素

1.纸张或木头等"可以燃烧的物质"，即可燃物。

2.氧气。

木头：400~470℃	橡胶：350℃	木炭：320~400℃	无烟煤：440~500℃

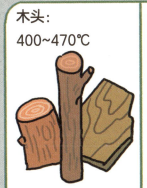

3.比燃点更高的温度。燃点是指物质能够开始自行燃烧的最低温度。

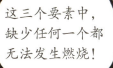
这三个要素中，缺少任何一个都无法发生燃烧！

 五彩缤纷的绚丽烟花就是一种燃烧反应！

用来制作烟花爆竹的材料里含有火药和金属。点燃引线，烟花在飞向天空的过程中，火药和金属同时燃烧，就形成了美丽的烟花。此时，根据所使用金属的性质，烟花会呈现出不同的颜色。比如，锶、钠、钙、铜四种金属分别会呈现出红色、黄色、砖红色和蓝绿色。

用手可以让蜡烛熄灭吗？

用手指迅速捏住烛火底部正中间的蜡烛芯，烛火就会熄灭。徒手捏蜡烛芯听起来似乎很烫，但实际上并不会。因为暖空气会上升而冷空气会下沉，所以位于烛火底部的蜡烛芯并没有那么热。但是，操作不好的话也有把手烫伤的风险，所以小朋友们不要尝试！

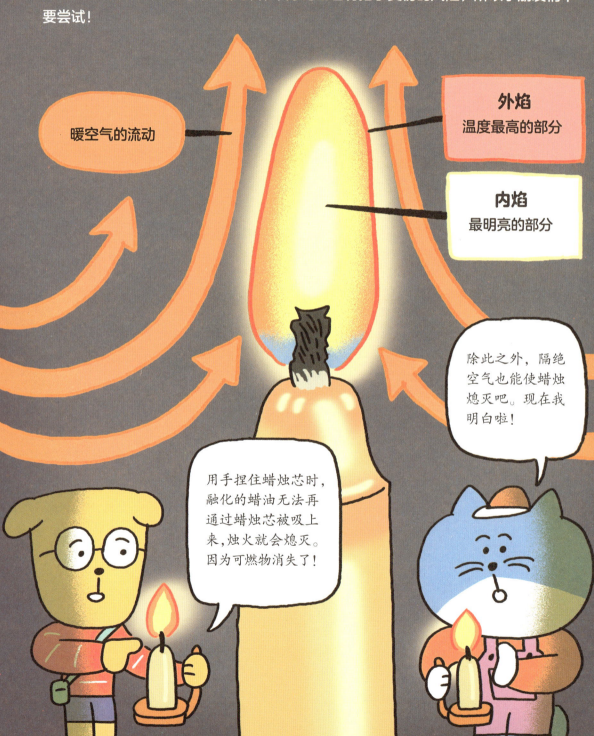

暖空气的流动

外焰
温度最高的部分

内焰
最明亮的部分

除此之外，隔绝空气也能使蜡烛熄灭吧。现在我明白啦！

用手捏住蜡烛芯时，融化的蜡油无法再通过蜡烛芯被吸上来，烛火就会熄灭。因为可燃物消失了！

熄灭就是使火灭掉，使之不再燃烧。要想将火熄灭，只需要将物质燃烧三要素中的至少一项要素去除即可。儿童独自进行灭火十分危险，如遇火情一定要拨打119火警电话！

灭火的几种方法

> 关闭煤气阀门。

消除可燃物。

> 用毯子覆盖或用灭火器扑灭着火点。灭火器分为干粉灭火器和泡沫灭火器等种类，可以快速隔绝空气，阻止燃烧。
>
> 啾！

隔绝周边空气（氧气）。

> 浇水！

使温度降低至燃点以下。

> 呼，差点就出大事了……
>
> 幸好我们俩是灭火天才……

灭火时有没有不能用水的情况？

　　向着火点喷水，能够将温度降低至燃点以下，还可以隔绝氧气。但是，如果着火的物质是油的话，由于油与水不融合，用水灭火反而会使水分蒸发，导致火势变得更大。如果是家用电器着火了，用水灭火更是会有触电的危险。以上这些情况下，必须要使用灭火器来灭火。

02
生命

动物、植物以及各种各样的生物分别是什么样子的，又是如何生活在这个地球上的呢？跟着萌米和喵靓一起来看看吧。

世界上最早出现的生物

地球上最早诞生的生物是蓝藻。科学家们通过分析蓝藻化石，推测它大约出现于距今 35 亿年前。

1

在距今非常遥远的原始时期，大气中几乎没有氧气，而是充满着二氧化碳。

2

但是由于蓝藻像植物一样能够进行光合作用，吸收二氧化碳并排出氧气。大气中的二氧化碳逐渐减少了，氧气逐渐增加了。

3

之后，地球变成了适宜生物生存的地方。经过漫长的进化后，形成了现在我们见到的多种多样的动植物。

生物就是活着的物体。生物会呼吸，会进食，能够通过幼崽或种子繁殖后代。所有的生物都具有生命。生命是生物赖以生存、呼吸和行动的力量。与此相反，**非生物**就是没有生命的物体，它们不会呼吸，也无法繁殖后代。

病毒是生物还是非生物？

病毒无法像动植物一样自主呼吸，消化食物，或是繁殖后代。因此，它们进入生物的体内以"寄生虫"的形式生活。它们利用宿主的细胞完成复制繁殖。病毒既不是生物，也不是非生物，而是介于二者之间的一种中间形态。

动物和植物也有生物钟吗？

　　大部分人都会在早晨醒来，这是因为我们体内有个看不见的"时钟"在控制着我们一天的节奏，我们称之为"生物钟"。动物和植物也有生物钟。到了春暖花开的时节，沉睡了一整个冬天的动物就会像约好了似的集体醒来，光秃秃的树木也会在此时抽出新芽。如此看来，地球上的所有生物都在适应着地球的节奏生活。这其中的秘密，就是"阳光"和"温度"啦！

动物是能够从其他生物那里获取养分，维持生存的生物。狮子、鱼、蛇和鸟等都是动物。**植物**是利用光合作用，吸收水和二氧化碳，释放氧气的生物。大树和小草都属于植物。

动物和植物都是具有生命的生物！

动物可以自由移动，包括爬行、奔跑和飞翔等。

植物无法凭借自身移动。

动物无法自主制造养分，需要从其他动植物身上获得。

植物利用光合作用，可以自主制造养分。

🐶 **有没有像植物一样可以进行光合作用的动物？**

有！真的有可以进行光合作用的动物。2018年美国罗格斯大学的一个研究小组发布的研究结果显示，生活在美国东海岸的绿叶海蛞蝓可以进行光合作用。这种周身亮绿色的动物通过盗取所吞食海藻中的基因，使自己获得"光合作用"的功能。所以，凭借光合作用，绿叶海蛞蝓即使6~8个月不进食也能够存活。

1 岁的狗狗能生宝宝吗？

　　1 岁左右的狗狗的确已经是可以生育的成年犬了。狗的 1 岁和人的 1 岁是完全不同的。根据美国兽医协会的研究结果，一只中等身躯狗狗的 1 岁相当于人的 15 岁，2 岁相当于人的 24 岁。这是因为狗和人体内的细胞老化速度不同。根据身躯大小的不同，狗狗老化的速度也会有所不同。

狗狗的一生

刚出生：
睁不开眼睛，耳道也是封闭的。

2～3 周：
眼睛可以睁开，耳道也打开了。此时已经具备视觉和听觉了。

6～8 周：
长出牙齿，可以咀嚼食物了。

9～12 个月：
此时已经是一只成年狗狗啦。可以进行交配了。

1～6 岁：
体力最好的时期。

10～16 岁：
生命已接近终点，即将离开这个世界。

7～9 岁：
身体各项机能开始弱化。

动物的一生就是动物从出生、成长发育、繁殖后代，直至最后离开世界的全过程。每种动物的生命过程都是不同的。有猫、狗这样的胎生动物，也有鸭子、青蛙那样的卵生动物。动物的寿命也不尽相同。兔子的寿命大约是 7 年，而蜉蝣只能存活短短几天。

胎生动物
猫、狗等

卵生动物
鸭、鱼等

幼体与成体外形不同的动物
青蛙、鸡等

乌龟长寿的秘诀竟然是"慢"！

　　乌龟的寿命最长可以达到 200 多年之久，是当之无愧的长寿动物。乌龟长寿的秘诀是它比其他动物的新陈代谢都要慢，所以能量消耗得更少，老化的速度也更慢。此外，乌龟不会患癌症，免疫力很强。

有没有既不是雌性又不是雄性的动物呢？

动物中可以生小宝宝的称为雌性，反之则为雄性。我们人类中的雌性叫作女性，雄性叫作男性。不过，还有些动物集雌、雄两性的生殖器于一身，也就是说，它们没有明确的性别！我们把这类动物称作"雌雄同体"，其中的代表就是蜗牛啦。

像蜗牛这样雌雄同体的动物还有蚯蚓、牡蛎等，它们都会进行交配行为，以此来避免自身的精子和卵子结合。但是，涡虫的情况比较特殊，它可以自体受精产卵。

雌雄是动物的雌性和雄性的合称。有些动物的雌雄易于分辨，有些则难以分辨。

区分雌雄很容易！

雄性狮子的头上有一圈鬃毛，而雌性狮子没有。

雄性鸳鸯的羽毛比雌性鸳鸯的羽毛更加鲜艳。

区分雌雄有点难！

很难从外表上分辨青蛙的雌雄。但是，如果仔细观察的话，你会发现只有雄性青蛙才具有鸣囊。

你能辨别松鼠的雌雄吗？松鼠的雌雄必须要查看生殖器才能判断。雄性松鼠的生殖器是凸出的。

雄性的小丑鱼竟然可以变成雌性！

因动画电影《海底总动员》的主人公"尼莫"而广受喜爱的小丑鱼，在发育的过程中竟然可以改变自己的性别。在小丑鱼的种群中，最身强力壮的雌鱼会占据统治地位。当这条雌鱼死后，种群中最强壮的一只成年雄鱼将经历荷尔蒙的变化变成雌鱼，成为队伍中新的领导者。

哪种动物生活在最热的地方呢?

在太平洋海底温度高达 100℃ 的水域中,生活着一种叫作"庞贝蠕虫"的生物。100℃ 的沸水,大家都知道有多烫吧? 因此,这里除了庞贝蠕虫外,并没有其他生物可以活下来。庞贝蠕虫也因此在没有天敌的环境中自由快乐地生活着!

庞贝蠕虫是如何在滚烫的海水中活下来的?

那边很烫的,你们没事吗?

当然啦,别担心。我们有厚厚的保护膜! 在我们毛茸茸的背上住着很多丝状细菌,这些细菌会分泌出特别的物质来帮助我们阻挡高温。

这个叫作"深海热泉"的地方,会冒出温度高达 300℃ 的热液。这些热液和周围的海水混合后,虽然温度会降低一些,但也有 100℃ 左右的高温。庞贝蠕虫就生活在这里。

热 热 热

动物生活的环境十分多样，可以是大地和天空，也可以是水中和地下；可以是炎热的沙漠，也可以是寒冷的北极。非常神奇的是，生活环境不同，动物的特征也很不一样。生活在炎热地带的沙漠狐狸为了散发热量，长着一对巨大的耳朵；而生活在寒冷地带的北极狐为了不丢失热量，则长着一对小小的、短而圆的耳朵。

生活在不同环境中的动物们各有各的长相！

生活在大地上的牛和马长着能走会跑的腿。

生活在天空中的鸟儿身体轻盈，拥有可以飞翔的翅膀。

生活在水中的鱼长着可以游泳的鳍。

生活在地下的鼹鼠为了能够顺利地掘开地面，长着铁锹般结实的脚爪。

变色龙为什么会变色？

为了保护自己，也为了能够成功地捕获猎物！变色龙通过改变体表颜色与周边环境融为一体，使天敌或猎物不容易发现自己。这些颜色叫作"保护色"。青蛙、蟾蜍、乌贼、蝗虫和松毛虫都是具有保护色的动物！

蜻蜓为什么要在水里产卵？

蜻蜓选择稻田、湿地或池塘等地产卵是因为蜻蜓幼虫只能在水里存活。在没有水的干燥环境中，蜻蜓幼虫无法生存。

蜻蜓的一生

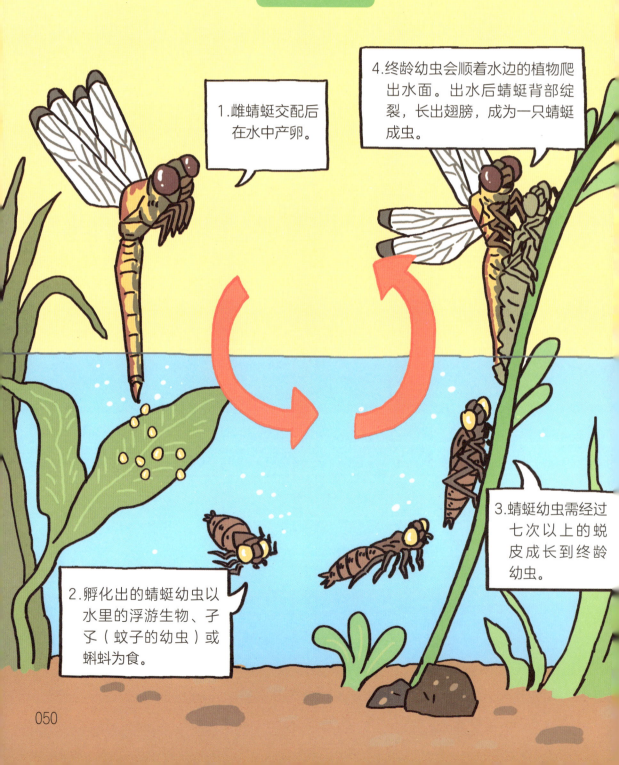

1.雌蜻蜓交配后在水中产卵。

4.终龄幼虫会顺着水边的植物爬出水面。出水后蜻蜓背部绽裂，长出翅膀，成为一只蜻蜓成虫。

3.蜻蜓幼虫需经过七次以上的蜕皮成长到终龄幼虫。

2.孵化出的蜻蜓幼虫以水里的浮游生物、孑孑（蚊子的幼虫）或蝌蚪为食。

昆虫的一生是指昆虫从破卵而出、生长发育、繁殖到死亡的全过程。昆虫的一生中会经历多次形态上的变化，这个变化的过程称为"变态"。

昆虫的变态

像蝴蝶这样在发育过程中由卵变成幼虫，再变成蛹，最终成长为成虫的过程叫作"**完全变态**"。这一类昆虫还有苍蝇、金龟子和锹形虫等。

啊，蝴蝶会经过蛹期。

卵

幼虫

成虫

蛹

像蝗虫这样由卵变为幼虫，然后不经过蛹期直接变为成虫的过程叫作"**不完全变态**"。这类昆虫的代表还有蜻蜓和螳螂。

蝗虫没有蛹期！

卵

幼虫

成虫

街头小吃中的"蛹"是蚕蛹！

你见过市场上煮熟售卖的蛹吗？那是蚕的蛹！蚕宝宝变成蛹的过程中会吐出洁白细长的丝线，然后用丝线织成茧将自己的身体缠绕包裹起来。人们可以利用这些蚕丝制成漂亮的绸缎。而抽走蚕丝后，包裹在蚕茧内的就是我们食用的蚕蛹。

动物的分类

青蛙更像狮子还是更像鱿鱼？

从青蛙有"四条腿"的角度来看，它和狮子更相似。但若从"拥有湿滑的皮肤且擅长游泳"这个角度来看的话，它似乎又更像鱿鱼。从这个例子中我们可以看出，根据判断角度的不同，对动物进行分类的结果也会有所不同。青蛙到底更像狮子还是更像鱿鱼，从上面的分析中我们很难下结论吧？科学家们对这个问题是怎么回答的呢？让萌米来告诉你吧。

跟我一样有四条腿！当然更像我嘛！

这，这个嘛……

跟我一样皮肤滑溜溜的，还生活在水里！所以更像我才对吧！

脊椎

科学家们在对动物进行分类的时候，一个重要的标准是看这个动物是否有脊椎。青蛙和狮子都有脊椎，而鱿鱼没有脊椎！所以，结论是青蛙和狮子更像。

动物的分类即根据动物的特征将其归类。要想对动物进行分类，必须将动物特征中的共同点找出来，从而制定分类标准。最常见的分类标准是动物的长相，而是否具有脊椎则是最重要的分类标准。除此之外，动物的体温是维持在一定水平的"恒温动物"，还是会随环境而变化的"变温动物"，或者是否有腿等也是常见的分类标准。

动物分类表

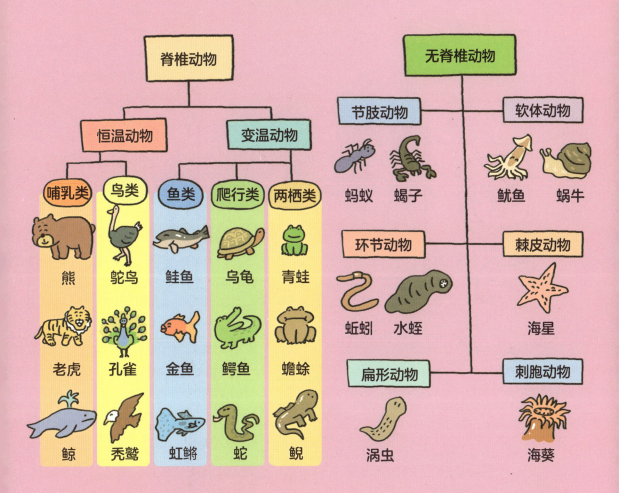

鸭嘴兽，你到底是谁？

　　鸭嘴兽虽然拥有像鸭子一样的长嘴，但身体却像海狸一样被皮毛覆盖；虽然像鸭子一样会下蛋，但也像海狸一样会哺乳。鸭嘴兽的脚掌像鸭子一样有蹼，擅长游泳。鸭子和动物中的鸟、鸡一样都属于鸟类，而海狸则与猫、狗同属于哺乳类动物。科学家根据鸭嘴兽会哺乳这一特征，将鸭嘴兽归为哺乳动物。

狗也会得椎间盘突出吗?

一些得了椎间盘突出的大人,在直起腰的时候会疼得发出"哎哟"的呻吟声。和人一样,狗也有脊椎,也会患上椎间盘突出。准确来说,这个病叫作"椎间盘突出症"。"椎间盘"是两个相邻椎骨之间的软骨连结,在受到外力冲击时,可以像软垫一样防止骨头发生碰撞。当椎间盘偏离原位时,就会压迫周围神经,引发疼痛。

喵靓医生,怎么办。我的腊肠犬突然不会正常走路了,总是拖着腿才能移动。

哎哟,小可怜,这是得了椎间盘突出症啊。

神经

椎间盘

像腊肠犬、威尔士柯基犬和京巴犬这样体长腿短的犬种,受遗传因素的影响很容易患上椎间盘突出症。

腊肠犬

椎间盘突出症严重时需要进行手术。平时应注意不要让狗狗的腰部受力过大。控制好体重,避免肥胖可以有效预防椎间盘突出症的发生。

猫咪们就不太容易得这个病!

脊椎动物顾名思义就是具有脊椎骨的动物。包括人在内，猫、狗、狮子、兔子、老鼠、麻雀和鱼等等都是脊椎动物。脊椎动物比无脊椎动物的体型更大。结实的骨骼可以保护内脏和神经不被外力冲击，同时也能够促进感觉器官的发育。

脊椎动物的特征

脊椎动物	体表	呼吸器官	体温调节方式	繁殖方式
哺乳类 狗	大部分被毛覆盖	肺	恒温动物	胎生
鸟类 鸡	羽毛	肺	体温不因外界环境温度而改变，始终保持相对稳定。	卵生
爬行类 蜥蜴	鳞	肺	变温动物	卵生
两栖类 青蛙	湿润的皮肤	蝌蚪时期 成体青蛙	体温随周边环境温度而改变。	卵生
鱼类 鲫鱼	鳞	鳃		卵生

蛇虽然和蚯蚓长得很像，但它是脊椎动物！

蛇和无脊椎动物蚯蚓从外观上来看，都长着细长的身体。但蛇却是鳄鱼、蜥蜴的近亲，属于脊椎动物。它们的长相挺不一样的，对吧？其实在远古时期，蛇的祖先也是有腿的。但是，为了使细长的身体能够更加方便快速地移动，蛇的腿就在进化的过程中慢慢地消失了。

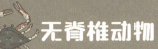 # 花蟹的外壳是骨头吗？

　　包裹在花蟹身体和腿部外的坚固铠甲并不是骨头，而是它的外骨骼。外骨骼虽然没有骨头那么坚硬，但却比肌肉结实得多，可以起到支撑身体、保护内脏的作用。

　　像我们这样的脊椎动物是用身体里面的骨头来支撑身体的，但花蟹这样的动物是靠身体外面的外骨骼来支撑身体的。

　　啊，因为脊椎动物的骨头在身体内部，所以叫作"内骨骼"；而花蟹的外壳在身体外部，所以叫作"外骨骼"。

花蟹

　　花蟹随着身体长大会脱去外壳，因为长大后的身体不再与外壳的大小相匹配，这叫作**蜕皮**（脱掉外壳）。花蟹蜕皮不久后的新外壳是柔软的，但很快就会变得坚硬起来。

蝎子　　　　　　　　　　　虾

　　不仅是螃蟹、虾和蝎子，其他一些昆虫，如蜻蜓、蚂蚁、知了和甲虫也会用外壳来武装自己。

无脊椎动物就是背部没有脊椎骨的动物。它们没有骨头，肌肉十分柔软。这类动物在地球上动物总数中的占比超过 90%，种类也很多。

无脊椎动物的特征

无脊椎动物	长相	口与肛门的区分	其他特征
节肢动物 锹形虫	身体表面有坚硬的外壳，腿部有关节。		会"蜕皮"，即随着生长发育而脱去外壳。
环节动物 蚯蚓	身体呈长圆柱形，有关节。	口和肛门独立分开。 这不是当然的吗？	生活在潮湿的土地或水中。
软体动物 章鱼	身体柔软，有关节。		利用肌肉强劲的腕足来移动。
棘皮动物 海星	身体表面被坚硬的外壳包裹，长有毛刺或突起。		利用像管子一样的"管足"来移动和呼吸。
扁形动物 涡虫	身体柔软且扁平。	有口无肛门。 呃，这……	背部和腹部可区分。
刺胞动物 海葵	内部中空，口器周围有花瓣状的触手。		捕食时会释放刺丝和毒液。

🐱 世界最强动物——无脊椎动物"水熊"

　　水熊在约 5 亿 3000 万年前就已经存在于地球上了。虽然它只是个体长还不到 1 毫米的无脊椎动物，却是宇宙中当之无愧的最强动物。它可以在 151℃的高温下存活，也能忍受 -273℃的极寒。此外，水熊失去体内97% 的水分也能存活，就算是在没有空气的真空状态下也能存活 10 天之久。由于它用四对脚走路的样子跟熊有点像，所以被称为"水熊"或"熊虫"。

植物的一生

为什么水稻每年都需要重新种植？

因为秋收结束之后，水稻就无法再次生长出来了。稻穗成熟后，水稻的一生就结束了。但成熟的水稻会留下稻种以便来年播种。稻种外表粗糙，呈金黄色。等到来年春天稻种发芽，又会长出新的水稻。像这样生命周期在一年内的植物叫作"一年生植物"。

水稻的一生

1.春天，农民将水稻催芽后，就可以在秧田里播种了。

稻种

快快长大哟！

2.夏季，水稻幼苗生根，茎伸长，快速生长。

小小的稻花真可爱！

3.夏末，水稻开花。

4.秋季，稻穗成熟，可以收割啦。

金色麦浪好美啊！

植物的一生是植物从种子萌发、生长发育到开花结实的全过程。每种植物的生长周期是不同的。

一年生植物的一生

向日葵只能活一年就死了啊。

春　　　夏　　　秋　　　冬

一年生植物的生长周期只有一年。水稻、玉米、菜豆、凤仙花、南瓜、向日葵和西红柿等都属于这一类。草本植物通常为一年生植物，在一年内开花结果。

多年生植物的一生

榉树结果后也不会死，来年还能继续开花结果。

春　　　夏　　　秋　　　冬　　　次年春

多年生植物的生长周期是两年以上。多年生草本植物有蒲公英和菊花等，多年生木本植物有玫瑰、柿子树和洋槐等。这些植物的根能够忍受一整个冬天的寒冷，枝干能够在被白雪覆盖一冬之后，来年春天再次生出新芽。

有的树已经活了上千年！

在北京最古老的寺庙——潭柘寺中，登记在册的国家一、二级保护古树共有186棵。最著名的便是已有1300多岁的千年古银杏，树高24米，相当于8层楼的高度，直径9.29米，需要五六个成人合抱才能围住。一到深秋，满树黄叶，遍地金色，非常漂亮。

咸咸的土壤里也能长出植物吗？

大部分植物都无法在海边生存，因为强劲的海风和咸咸的海水会使植物枯萎。但是，有一些植物可以在海边长得非常好，因为它们自身所具有的特性使它们很好地适应了海边的环境！这些能够在盐分含量较高的土壤中生长的植物叫作"盐生植物"。

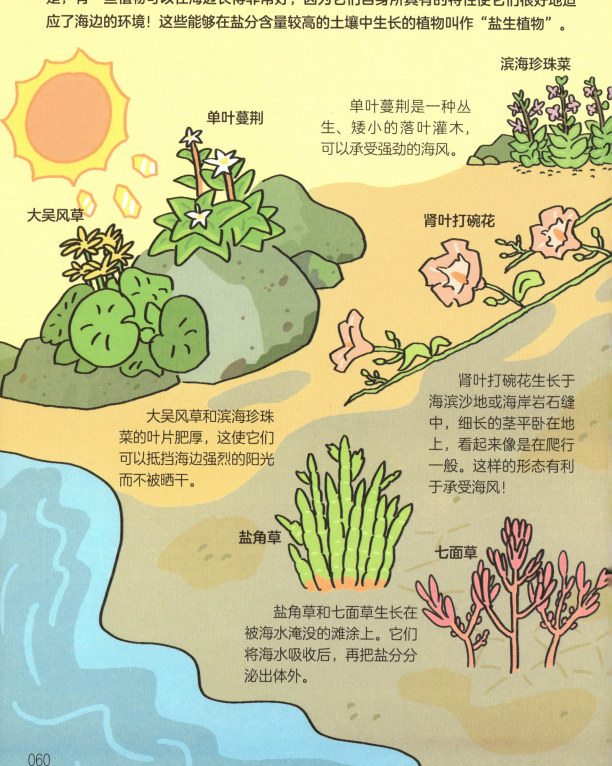

滨海珍珠菜

单叶蔓荆

单叶蔓荆是一种丛生、矮小的落叶灌木，可以承受强劲的海风。

大吴风草

肾叶打碗花

大吴风草和滨海珍珠菜的叶片肥厚，这使它们可以抵挡海边强烈的阳光而不被晒干。

肾叶打碗花生长于海滨沙地或海岸岩石缝中，细长的茎平卧在地上，看起来像是在爬行一般。这样的形态有利于承受海风！

盐角草

七面草

盐角草和七面草生长在被海水淹没的滩涂上。它们将海水吸收后，再把盐分分泌出体外。

植物的生长环境是多种多样的。有生活在田野、树林、山间、江边或海边等土壤里的植物，也有生活在池塘和江河等水里的植物。和动物一样，不同环境下生长的植物具有不同的特征。

在土壤里生活的植物

有像苔藓和蕨菜这样生长在阴暗潮湿之地的植物。

有像苹果树和玫瑰这样深深扎根在干燥土壤中的植物。

苔藓　蕨菜

湿润土壤

玫瑰　干燥土壤

苹果树

在水中生活的植物

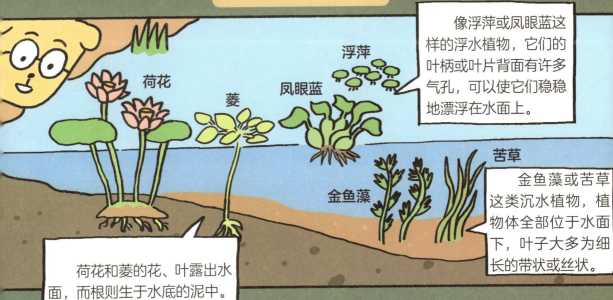

像浮萍或凤眼蓝这样的浮水植物，它们的叶柄或叶片背面有许多气孔，可以使它们稳稳地漂浮在水面上。

荷花　菱　凤眼蓝　浮萍

苦草

金鱼藻或苦草这类沉水植物，植物体全部位于水面下，叶子大多为细长的带状或丝状。

荷花和菱的花、叶露出水面，而根则生于水底的泥中。

金鱼藻

干燥的沙漠和寒冷的北极也有植物

　　在几乎不下雨的沙漠地区可以看到仙人掌，而在被冰层覆盖的北极地区则可以觅见苔藓和一些小型植物的踪影。仙人掌全身肥厚的叶片可以储存水分，此外，为了最大限度地减少水分流失，仙人掌的叶子并不宽大，而是尖细的小刺状。北极的植物则要抓紧一两个月的短暂夏天，吸收温暖的阳光，茁壮生长。

西瓜竟然也是蔬菜？

你是不是一直以为西瓜是水果呢？但从严格意义上来说，西瓜是蔬菜！是和黄瓜非常接近的蔬菜！水果是长在树上的，可以吃的果实。苹果、梨、李子等都是水果。我们经常称为水果的西瓜、西红柿和甜瓜等都是草绿色藤蔓（wàn）上结出的果实，应该归为蔬菜类。那么，水果和蔬菜还有其他区分方法吗？当然有啦，那就是观察它们开出的花！

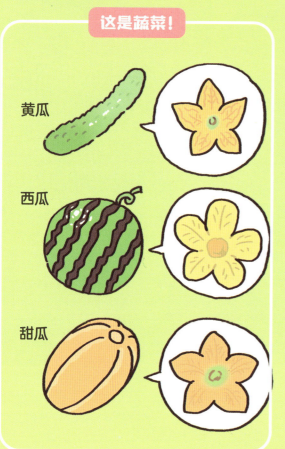

这是蔬菜！

黄瓜

西瓜

甜瓜

这是水果！

苹果

梨

李子

黄瓜、西瓜和甜瓜的花很像，对吗？看来真的是同类呢！

是啊，就是这样的！画重点啦，长在树上的是水果，长在绿色藤蔓上的是蔬菜！

植物分类表

通过种子繁殖的植物。

被子植物

双子叶植物

玫瑰　菜豆

单子叶植物

百合　水稻

裸子植物

松树　银杏树

通过孢子繁殖的植物。

蕨类植物

蕨菜　凤丫蕨

苔藓植物

金发藓　地钱

通过种子繁殖的植物会开花，所以又叫作"显花植物"。

看我们这个戴着花的造型像不像显花植物呀？

植物的分类是指根据植物的特征将其归类。植物学家根据是否有种子，是否开花等标准对植物进行分类。

植物分类学的奠基人——林奈

　　近代植物分类方法最早是由瑞典植物学家林奈提出来的。18世纪时，植物学知识体系尚处于十分混乱的时期，这给植物学研究带来了很大的困难。林奈在前人的基础上，通过大量的收集和研究，将植物按照纲、目、属、种进行分类，创建了完善的植物知识体系。林奈创建的植物分类法至今仍被沿用。当然，其中也免不了有一些被后人发现和纠正的错误！

听说种子也能时间旅行？

　　虽然很不可思议，但的确发生过千百年前的种子发芽这样的事，就好像生命的时间胶囊被打开了一样。韩国庆尚南道咸安地区 700 年前的荷花种子，以色列 2000 多年前的波斯枣种子发芽后，都生长得十分旺盛。这是怎么回事呢？原来啊，这些种子被坚硬的外壳包裹着，深埋在阴凉的地下被保存得很好，就好像睡了一场长觉一样。当种子重新回到合适的空气、温度、湿度中时就会发芽。所以，我们才会目睹到数百、数千年前的种子发芽这样的奇事！

700 年前的荷花种子发芽

1. 2009年，位于韩国庆尚南道咸安地区的哈曼城山山城遗址出土了700多年前高丽王朝时期的荷花种子。

2. 科学家划破了包裹着种子的厚厚的外皮，试图催芽。结果，三颗种子中的一颗成功发芽了！

3. 虽然长出的第一片叶子没有存活下来，但幸运的是，第二片叶子顺利地长大了，并且越长越繁茂。

4. 终于，2010年，它开花了！由于种子是在古时称作"阿拉伽倻"的地方出土的，所以被命名为"阿拉红莲"。

种子植物是指能产生种子并用种子繁殖的植物。可通过根、茎和叶明显区分出来。种子植物根据胚珠的位置大体可分为裸子植物和被子植物。

种子植物的分类

被子植物

胚珠被包在子房内。子房长大后会发育成包着种子的果实。

胚珠

子房

苹果树

种子所在的"房间"就叫子房！

玫瑰、郁金香和樱花树都属于被子植物。

裸子植物

没有子房，胚珠裸露在外。胚珠在雌花的雌蕊上。雌花最终会发育成为松塔。

雌花

雄花

胚珠

松树

咦？裸子植物的雌花和雄花是分开的。

银杏树、铁树都属于裸子植物。

世界上最大的种子是?

生长在塞舌尔的海椰树的种子重量可达20千克。可能是种子实在太大了，所以它的花从受精到结果需要经过七八年的漫长时间。

蕨菜的种子在哪里？

蕨菜没有种子，它是靠"孢子"繁殖的。种子通常能通过肉眼看到，但孢子就像灰尘一样非常微小，单凭肉眼无法观察到。孢子通过空气传播至潮湿的地方发芽。

蕨菜叶的背面可以看到容纳孢子的"孢子囊"。

孢子不容易被看到，但孢子囊很容易看到！

孢子囊破裂会释放出孢子。

孢子囊

孢子

孢子是能够直接或间接发育成新个体的生殖细胞。我们知道，种子植物雄蕊的花粉和雌蕊的胚珠相结合，才能繁殖出种子，对吗？但是孢子即使只是掉落在阴暗潮湿的地方，也能萌发出新的生命。像蕨菜这样的蕨类植物，苔藓这样的苔藓植物和蘑菇这样的菌类都是通过孢子繁殖的。

原来地钱和蕨菜生长在这么潮湿的地方啊。

如微尘般飞散的孢子，会选择温度、水分和空气适宜的地方掉落发芽。

随着孢子囊逐渐干燥，最终会破裂！囊内的孢子会被释放出来！

这是蕨菜的嫩芽。随着卷起来的叶子逐渐展开，再长大一些，在叶片的背面就会长出孢子囊。我们吃的凉拌蕨菜就是这种嫩芽。

地钱有雌托和雄托。孢子只存在于雌托上。

地钱

雌托

蕨菜

雄托

最早登上陆地的植物——"苔藓"

很久很久以前，所有的植物都生活在水中，后来通过进化才来到陆地上。科学家们普遍认为最早登上陆地的植物是苔藓。可能是因为曾经生长在水中，所以苔藓来到陆地上之后也只生长在阴暗潮湿的地方。

注意！请远离霉菌

很久没有通风换气的家里会遍布霉菌。霉菌喜欢阴暗、潮湿且温暖的地方。霉菌散发出的霉味，容易引起支气管炎、过敏反应、哮喘和皮肤病等疾病。此外，这种霉味会使人感到恶心反胃，容易疲劳。因此，如果发现霉菌一定要清理干净，让家里保持干燥和通风。

容易生成霉菌的地方！

室内外温差较大时，进入室内的冷空气会在室内温暖的墙壁上凝结出现水珠，这种现象叫作"冷凝"。这种情况下，墙体被水浸湿，非常容易发霉。

潮湿的卫生间里容易发霉

啊，发霉了！要想除掉霉菌，就快点把窗户打开！！

面包、水果或肉类在常温下放置过久也会霉变。

充其量也就在这里放了几天，没想到就被霉菌袭击了……

菌类既不是动物，也不是植物，而是霉菌和蘑菇一类的生物。它们无法凭借自身制造养分，只能从外界摄取。菌类可产生孢子，将孢子释放到空气中进行传播繁殖。

蘑菇是我们肉眼可以看到的巨大菌类，主要生长在枯木根部这样潮湿的地方。伞状的菌盖内部包裹着孢子。

蘑菇

霉菌本身非常小，在我们看来就像非常小的线团一样。用显微镜仔细观察的话会发现，在菌丝末端圆圆的袋子里面装着孢子。

霉菌

不是说蘑菇不是植物吗？

蘑菇和霉菌根部细长的丝就是菌丝。菌丝像线团一样复杂地缠绕在一起，纵横交错形成菌丝体。

对啊，所以这些单条管状的细丝并不是根，而是"菌丝"！

霉菌不全是坏蛋！

虽然吃了发霉的食物会引起腹痛腹泻，但并不是所有霉菌都会伤害我们的身体。利用霉菌可以制作大酱、酱油、玛格丽酒（一种韩国米酒）和奶酪等发酵食品。能够杀灭有害细菌的抗生素（青霉素）也是从青霉菌中提炼出来的。

水变成草绿色是因为什么？

舀出一些呈现出草绿色的池塘水，用显微镜观察，会发现里面有数不清的小生物。它们是水绵、新月藻、鼓藻和眼虫藻等原生生物。原生生物生活在池塘或水流缓慢的河流中。虽然它们不属于植物，但有些原生生物像植物一样，可以利用光合作用吸收水和二氧化碳，制造养分和氧气。所以，它们像植物一样是草绿色的。

原生生物是一种既不属于动植物，也不属于菌类的单纯的生物。大部分原生生物像细菌一样，是最简单的单细胞生物。虽然原生生物像菌类一样既不是动物也不是植物，但它却具有动物或植物的特性。

变形虫和草履虫可以像动物那样自由移动，以细菌等物为食。

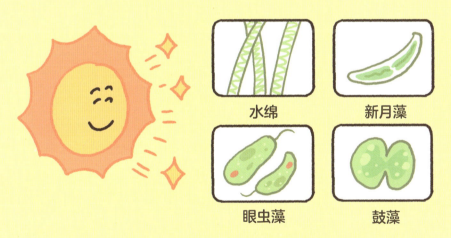

水绵、眼虫藻等可以像植物一样进行光合作用，可以吸收阳光，自制养分。

变形虫为什么能改变形状？

和草鞋状的草履虫以及新月状的新月藻不同，变形虫的形态是一直在变化的。原因是像水气球一样被薄膜包裹的变形虫，随着体内原生质的流动，身体表面会生出许多无定形的"伪足"，变形虫借此移动，身体的形状、轮廓也随着伪足的伸缩而发生变化。而其他原生生物大部分是靠细小的鞭毛或纤毛移动的。

好好刷牙可以赶走口腔里所有的细菌吗？

　　非常遗憾地告诉你，无论你多么认真地刷牙和漱口，都不可能让口腔里所有的细菌消失。牙刷能够接触到的部分至多只占整个口腔的 25%。什么？你问那为什么还要刷牙？嗯，刷牙可以使细菌数量不再继续增加。当有害细菌积累到一定数目时，会引发健康问题，所以我们要通过刷牙，努力把细菌数量降到最少！

如果不认真刷牙的话

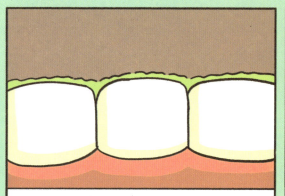

1. 口腔里的食物渣滓和口水混合在一起，会在牙面生成一层薄膜。

牙菌斑

2. 细菌们在这层薄膜上大肆生长，由此产生的黏糊糊的膜叫作牙菌斑。

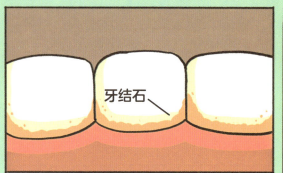

牙结石

3. 当牙菌斑不断增多，最终钙化发硬会形成牙结石。牙结石在口腔内时间久了会使口腔产生异味，导致牙龈红肿出血！

呜呜，好疼啊。超过 1 亿个细菌在我的口腔里捣乱，引发了牙龈炎！

　　所以，一天三次认真刷牙的任务，可千万不要忘了哟！
　　对了！口腔里的细菌也不全是有害的。在所有口腔细菌中，有害细菌只占1%左右，还有很多保护牙齿健康的有益菌呢！所以，不要一听到细菌就觉得很讨厌啦！

细菌是由单细胞构成的最小、最简单的生物，同时也是地球上最古老的生物。

细菌的特征

球状（球菌）

杆状（杆菌）

螺旋状（螺旋菌）

有尾巴状（鞭毛结构）

细菌具有多种形状。

我们无法完全避开细菌！

细菌存在于我们的体内和周边环境中，无处不在。甚至在火山这样动植物很难生存的炽热环境中，也有细菌存在。

虽然有些细菌会引起疾病，但是它们也可以将动植物遗体进行分解，保持自然界中的物质循环。虽然细菌会使食物腐烂，但它们也可以做出像泡菜或奶酪这样美味的发酵食品。

发酵奶酪使用的乳酸菌也是细菌的一种。

哇，好意外啊！细菌居然能这么好吃！

 我们体内的细菌比细胞更多！

口腔、头发、眼鼻、皮肤和内脏等地方生活着数百万亿的细菌。人体细胞的总数大约是100万亿左右，细菌的数量是其数倍之多。生活在我们体内的细菌大部分会帮助我们赶跑有害细菌，对消化和排便起到良好的促进作用

不喂食，鱼缸里的鱼能活下来吗？

　　美国国家航空航天局（NASA）的科学家们研发了一款不需要喂食的、圆形全封闭的"生态球"，目的是了解是否能在宇宙空间中开发出人类能够生存的新环境。换句话说，这是一个关于人工地球和人工生态系统的实验！生态球内部用海水填充，里面生活着几只小虾、一些海草和微生物。由于是完全密闭的空间，所以无法投食或是换水，但小虾还是存活下来了。为什么会这样呢？

全封闭生态球

小虾吃海草后排出的粪便被微生物分解后，重新成为海草的养料。

海草利用外部照射进来的阳光进行光合作用，制造氧气和养分。

虾

密封的玻璃球

哇，在如此有限的空间里，它们竟然可以通过彼此给予而活下来！

唔，不过在这样十分有限的环境中，小虾很难活得长久。

小虾靠海草制造的氧气呼吸，然后呼出二氧化碳。二氧化碳被海草再吸收回去，用来进行光合作用。

海草

生态系统是指地球上以动植物为代表的"生物因素"和阳光、空气、水、土壤等"非生物因素"相互影响、相互制约，并在一定时期内处于相对稳定的动态平衡状态。陆地上和水中都存在生态系统。陆地上有森林、草原和沙漠等不同的生态系统，而水中则有江、河、湖、海等不同的生态系统。

森林生态系统

阳光

空气

水

土壤

利用光合作用制造养分的**生产者**。

以动植物为食的**消费者**。

通过分解动植物排泄物或动植物尸体获取养分的**分解者**。

生物因素按照获得养分的方式分为生产者、消费者和分解者。

生态系统中不可或缺的非生物因素！

　　要想让生物活得更好，光照、温度、水、空气和土壤等非生物因素必须达到适宜的条件。比如空气适宜才能呼吸，温度适宜才不会冻僵或干枯。在生态系统内，生物因素和非生物因素相互给予对方积极的影响。

听说有座塑料岛？

相信你一定看过令人头疼的与海洋垃圾相关的新闻吧？在太平洋中，甚至有一座由大量塑料垃圾形成的岛。这座岛的照片令人触目惊心。这些塑料垃圾最终会经由海洋生物和鸟类的身体进入人类食物链中。

这些塑料垃圾会去哪里呢？

4.最终，吞食了微塑料的海洋生物会成为人类餐桌上的食物，微塑料由此进入人体内堆积下来。

1.漂到海里的塑料垃圾会在海水、风和阳光的作用下被分解成微塑料，然后成为浮游生物等小生物的食物。

2.吞食了微塑料的浮游生物将被小型海洋生物捕食。

3.而吞食了浮游生物的小型海洋生物会被更大一些的海洋生物捕食……

生态系统中的生物关系

食物链

蛇

↑

青蛙

↑

蝗虫

↑

草

食物网

老虎　鹰

鹿　蛇　猫头鹰　青蛙

兔子　田鼠

草　蝗虫

食物链指生产者→一级消费者→二级消费者→三级消费者等生物之间吃与被吃的关系像链条一样环环相扣。而**食物网**指许多条食物链错综复杂地联系在一起，像一个无形的网把所有的生物都包括在内，使它们彼此之间直接或间接地关联起来。

躲避天敌、捕食猎物的生存策略

每个生物都有躲避天敌，防止自己被吃掉的生存策略。蝗虫有保护色，臭鼬会释放出刺激的气味。同样，每个动物也有自己捕食的独门秘诀。鲨鱼可以嗅到数千米之外的味道，而猫头鹰在漆黑的夜里也拥有绝佳的视力。

兔妈妈为什么要生一大群兔宝宝？

兔子拥有超强的繁殖能力！兔妈妈单次可以产下五六只兔宝宝，并能在生产完24小时之后再次怀孕。由于像兔子这样吃草长大的植食性动物会被肉食性动物捕食，所以植食性动物要具备更强的繁殖能力才能生存下去。

如果肉食性动物繁殖过快……

1.植食性动物根本来不及繁殖就会被吃掉。

2.植食性动物会越来越少。

3.肉食性动物会因食物减少而饿死。

4.肉食性动物也越来越少。

因此，植食性动物要比肉食性动物数量更多，才能维持生态系统的平衡。

生态金字塔是指用层级关系来反映生物之间吃与被吃的关系以及生物的数量。植物作为生产者位于底层，向上依次是一级消费者、二级消费者和三级消费者等，总体呈现出金字塔结构。位于金字塔尖最后一个阶段的消费者又称最终消费者。

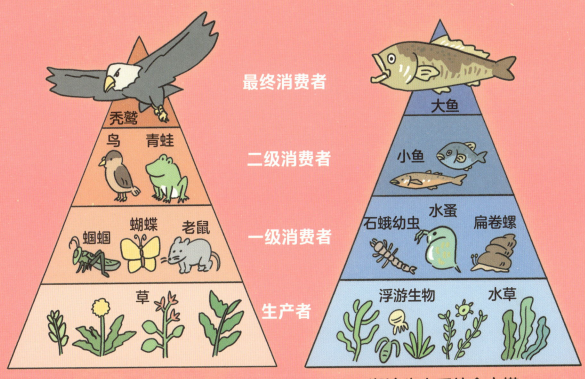

陆地生态系统金字塔　　　　　　　　湖泊生态系统金字塔

如何维持生态系统？

外来物种捕食本地物种，或是环境突然发生变化会导致某种生物的数量减少。如果该地区生态系统中的生物多样性丰富或是食物网复杂，那么该地区的生态系统并不容易被打破，反而可以再次恢复生态平衡。因为多种生物之间会通过相互影响，使某一种生物的数量不发生大的变化。生态系统像这样保持稳定的状态叫作"生态平衡"。

大块头生物的细胞很大吗？

　　不管是植物还是动物，细胞的大小都差不多。体型之所以有差异，是因为细胞数量不同。体型越大，细胞的数量就越多。细胞只能长到固定的大小，因此，当身体生长时，细胞会分裂，这称为"细胞分裂"。

并不是。那么，你知道大象体内有多少细胞吗？

大象体内的细胞数量比老鼠多 10000 倍！但老鼠和大象的细胞平均大小都是 0.1 毫米左右！

细胞是构成生物体的基本单位。有像细菌那样由单个细胞构成的生物，也有人和猫狗这样由无数细胞构成的生物。人体内的细胞数量多达 100 万亿，单个细胞的大小约 0.1 毫米。

动物细胞

细胞壁和叶绿体只存在于植物细胞中！

动物细胞和植物细胞具有共同点！它们都有一层薄薄的细胞膜，含有遗传物质的细胞核，以及半透明、胶状、颗粒状的细胞质。

细胞质　细胞核　细胞膜

细胞壁
保护和支撑细胞。

叶绿体
利用阳光将水和二氧化碳转化为养分和氧气的场所。

植物细胞

 有没有肉眼能看到的细胞？
受精前的鸡蛋黄就是一个细胞。大部分细胞非常微小，只能放在显微镜下观察，但鸡蛋黄可以凭借肉眼直接观察到。

被剪了茎的植物在水中是如何生根的？

植物的再生能力很强。把植物的枝条修剪掉，它还会生出新的枝条。植物能够再生源于一种叫作"植物生长素"的激素。植物生长素可以催芽、促进植物生长和果实发育，同时，在植物插条生根方面也很有帮助。

使枝条生根的方法

用剪刀将植物的茎剪断，然后将剪下来的枝条下端插入水中。如果想让枝条顺利生根的话，就不能让枝条下半部分受到日光照射。这是因为植物生长素会向植物背光的一侧运输。

像这样剪下植物的一部分，使之重新生根的做法称作扦插，也叫插条。可以通过扦插繁殖的植物有连翘、玫瑰和红薯等，通常两周到一个月就可以生根。

根是位于植物最下端的部分。它通常位于地表下面，负责吸收土壤里面的水分和养分。同时，它还可以支撑植物，储存植物生长所需的养分。

双子叶植物是指像玫瑰和白菜那样，种子具有两片子叶的植物。双子叶植物的根部中央有一根较粗的主根，且主根发达，极易与周边的侧根区分。

单子叶植物是指像水稻、大麦和玉米那样，种子具有一片子叶的植物。单子叶植物有许多粗细相等的、像胡须一样的根。

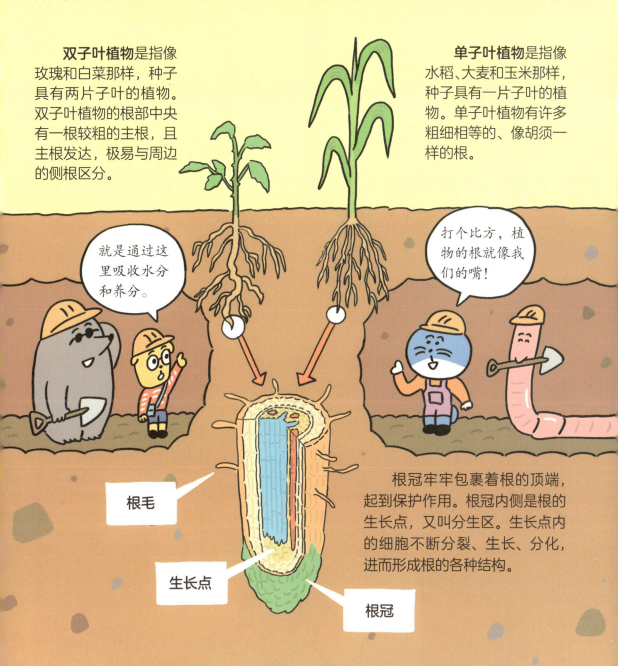

就是通过这里吸收水分和养分。

打个比方，植物的根就像我们的嘴！

根毛

生长点

根冠

根冠牢牢包裹着根的顶端，起到保护作用。根冠内侧是根的生长点，又叫分生区。生长点内的细胞不断分裂、生长、分化，进而形成根的各种结构。

红薯和土豆是根吗？

红薯是根，但土豆是茎！我们把红薯和胡萝卜、萝卜这些用根部储存营养的植物叫作"根菜"。根菜直接吸收泥土中的养分，含有许多有益健康的成分。而土豆和洋葱则是用茎来储存营养的植物。

茎

竹子的内部为什么是空的？

　　因为竹子的茎长得太快了。其实竹子并不是树，而是多年生草本植物。竹子坚固结实的茎其实是一根巨大的草茎。竹子是世界上生长速度最快的植物，仅一天就可以长高几十厘米。但是，竹茎内部组织的生长速度远远赶不上茎生长的速度，所以最终竹子就进化成中空的结构了。

但是这样的空心结构怎么吸收水分和养分呢？

难怪这么好吃呢！

吧唧吧唧

从根部摄取的水分和养分通过**维管束**运输至竹子的各个部分。

茎是植物体重要的营养器官，在植物的根和叶之间起到输导和支持的作用。植物茎内的维管束里，有运输养分的筛管和运输水分的导管。不同植物的茎，外观也各不相同。

像向日葵这样直立向上生长的茎叫作**直立茎**。

把牵牛花缠绕在树枝上的茎展开铺平的话，差不多能达到两米长呢！

真是个大个子花呢！

像牵牛花这样自身无法直立，需要绕在其他物体上向上生长的茎叫作**缠绕茎**。

维管束
导管
筛管

像爬山虎这样在地面或墙壁上平卧生长的茎叫作**匍匐茎**。

牵牛花的藤蔓会向着太阳的方向移动
　　牵牛花或菜豆的藤蔓沿逆时针方向缠绕，葎草的藤蔓沿顺时针方向缠绕在其他物体上攀爬生长。它们要爬向哪里呢？像这样具有缠绕茎的植物，通常会向着阳光充足的地方生长。

085

叶子背面的颜色为什么更浅？

　　如果你仔细观察植物叶子的话，会发现叶片腹面（上表面）和背面（下表面）的颜色略有不同。腹面的颜色稍深，而背面的颜色稍浅。这是因为含有叶绿素的叶绿体更多集中在叶片的腹面。叶绿体是植物进行光合作用、制造养分的场所。光合作用的发生离不开阳光，所以植物叶片的腹面通常都是面向阳光的！

叶子

腹面

叶脉

叶柄

背面

叶片背面的绿色较浅，摸上去有点粗糙。而腹面的绿色更深，摸上去感觉更光滑。

这是因为叶片腹面更好地吸收了阳光，所以才更加平整光滑！

叶子是植物制造养分的器官，着生在茎上。植物制造养分的过程称作**光合作用**。叶片中的叶绿体吸收阳光，把二氧化碳和水合成养分，同时释放出氧气。此外，植物的叶子还具有蒸腾作用。

叶片的光合作用

我们需要吃各种食物来维持身体的运转，而植物只需要阳光、水和二氧化碳，就可以养活自己了！

H_2O 水 + CO_2 二氧化碳 → 养分

是不是很了不起呀？通过光合作用制造的养分会运输到植物的各个部分。

有一种叶子，被手碰到就会卷起来！

含羞草的叶子受到外力触碰时会闭合，经过一定时间后又会恢复原状。这是由于含羞草的叶片对外界的刺激十分敏感，所以会在被触碰时通过闭合叶子来保护自己。

什么？植物也会出汗？

　　我们的身体在很热的情况下会通过出汗来降低体温。植物也和人一样，会通过出汗来调节温度。准确来说，植物排出的不是含有盐分的汗，而是水！植物将体内多余的水分通过蒸腾作用从叶片排出，在蒸腾过程中，水变为水蒸气，同时吸收叶片周围的热量，使叶片表面温度下降。天气越热、越干燥，阳光越强烈或风越大时，都会加速植物的蒸腾。此外，植物的叶片越多，蒸腾作用越强。

实验！观察植物的蒸腾作用

1. 用透明干燥的塑料袋将花盆里一部分植物罩起来，在茎部扎紧后放置到光照强烈的地方。

2. 一两天之后，可以观察到塑料袋内壁上出现了一颗颗水珠。

看啊，被蒸发出来的水蒸气都附着在塑料袋上了。

蒸腾作用就是指植物体内的水分通过叶片，以水蒸气状态散失到大气中的过程。绝大部分蒸腾作用是通过叶片背面的"气孔"发生的。用显微镜观察叶片背面，能够看到大量的气孔。

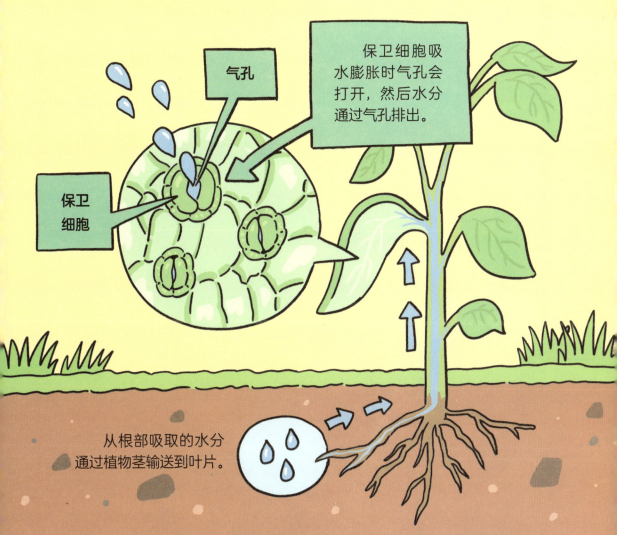

叶片如何排出水分？

气孔

保卫细胞吸水膨胀时气孔会打开，然后水分通过气孔排出。

保卫细胞

从根部吸取的水分通过植物茎输送到叶片。

当水分从气孔排出后，植物体需要重新补充水分。此时，植物根系再次从外界土壤环境中吸收水分，向上输送至叶片。从这个角度来看，植物的蒸腾作用有助于促进生物圈水循环。

仙人掌为什么有刺？

仙人掌的刺就是它的叶子。植物的叶片越宽大，蒸腾作用越强。生活在沙漠地区干燥炎热环境中的仙人掌，为了最大限度地减少水分流失，进化出了刺状的叶子。生活在寒冷地带的松树和冷杉等针叶植物也是为了保存水分，进化出了尖尖的针叶。

有没有无法吸引昆虫的花？

　　许多花会凭借华丽的外表和浓郁的香气来吸引昆虫，并以昆虫为媒介来传播花粉，这种花叫作"虫媒花"。但，也有一些花既不漂亮，又没有香气和花蜜，所以无法吸引到昆虫，比如松树、枫树和银杏树的花。

松树传播花粉的方式

没有香味！

也没有花蜜！

颜色也不好看！

哼！我也不需要你们！我的花粉靠风就可以传播！我的花粉表面有气囊，很容易就能随风飞走！

真的吗？难道松树的花粉上挂着气球吗？

松树的花粉叫作松花粉。松花粉粒的两侧各有一个气囊，所以很容易随风飞起来。这种花叫作"风媒花"。

松树

制作甜甜的水果的是蝙蝠？

　　说出来你可能会惊讶，在热带地区，为芒果和香蕉的花粉授精的竟然是蝙蝠。这种蝙蝠不吸食昆虫或动物的血液，而是靠采食野果和花蜜为生。蝙蝠为了吸食花蜜而往来于花丛间，同时传播了花粉。吸引蝙蝠的花通常会分泌出较多的汁液，主要在夜间开花，并且散发出的不是清香，而是腐烂的肉味。

花是植物产生种子的生殖器官，是植物繁殖后代所必需的部分。想要产生种子，必须先传播花粉，也就是把雄蕊上的花粉传播到雌蕊上！这叫作"授粉"。

雌蕊

花瓣

雄蕊

花托

关于花的构成，你明白了吗？

当然！但是，种子是怎么产生的呢？

种子的产生

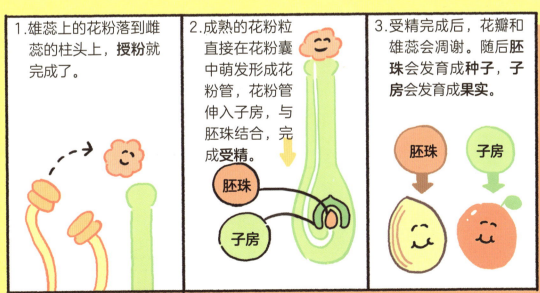

1. 雄蕊上的花粉落到雌蕊的柱头上，**授粉**就完成了。

2. 成熟的花粉粒直接在花粉囊中萌发形成花粉管，花粉管伸入子房，与胚珠结合，完成**受精**。

胚珠

子房

3. 受精完成后，花瓣和雄蕊会凋谢。随后**胚珠**会发育成**种子**，**子房**会发育成**果实**。

胚珠

子房

听说有的种子可以独自漂洋过海？

生长在海边的椰子树，结出的椰子掉进海里后，会乘着波涛在宽广的海面上漂流数十千米甚至数百千米。最终，它会到达其他岛屿，并在那里生根。这是椰子树把果实里面包裹着的种子传播到更远地方去的独门秘籍。话说，椰子为什么能在海上漂流那么久呢？

形成果皮的纤维质之间有空气，可以使椰子漂在海上。

果汁

我们在便利店看到的椰汁饮料就是椰子里面的汁液！

啊，真好喝！那这个果汁也是从其他地方漂流过来的吗？

果实是花粉受精后，由子房发育而成的。果实内有由花的胚珠发育而成的种子。**种子**外有果皮包裹，以起到保护种子的作用。

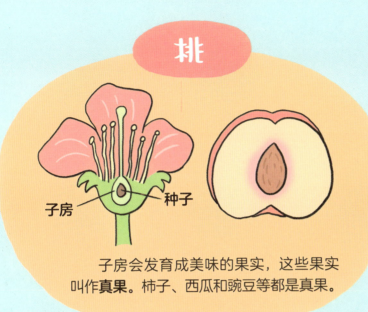

桃

子房　　　　种子

子房会发育成美味的果实，这些果实叫作**真果**。柿子、西瓜和豌豆等都是真果。

哇，桃子好甜啊！我要快点吃完，把它的种子拿去种桃树！

草莓

子房

花萼

花萼也会发育成果实。由不是子房的部分发育而成的果实叫作**假果**。苹果、梨、菠萝等都是假果。

果实部分不是由子房发育而成的就叫假果。就像这个草莓一样！

生存的法则——播种！

由于植物自身无法移动，所以播种就尤为重要了。像樱桃和葡萄这样美味的水果，被动物吃下后，种子会随着动物粪便排出体外完成播种。枫树和蒲公英的种子则会随风飘落到很远的地方。生长在水中的睡莲，它的种子上带有气囊，可以随水波漂流到数米外播种。

我们的身体

如果不睡觉的话，我们的身体会怎样？

如果我们整晚不睡觉的话，第二天会感到非常难受，身体各项活动也会变得困难。如果连续多日睡眠不足的话，会导致免疫力下降、血压升高等健康问题，注意力和记忆力也会下降。尤其是小朋友们，晚上一定要睡好觉，才有利于荷尔蒙的分泌，促进生长发育。小学生每天的睡眠时间保证在 10~11 个小时比较好。

睡得好……

个子会长高，身体很健康。

睡得不好……

记忆力减退，还容易患上各种疾病！

我们的身体是由运动系统、消化系统、呼吸系统、循环系统、泌尿系统、神经系统和感觉器官等部分构成的。这些系统相互协调配合，使我们身体内部能够正常地进行各种复杂的生命活动，维持身体健康。

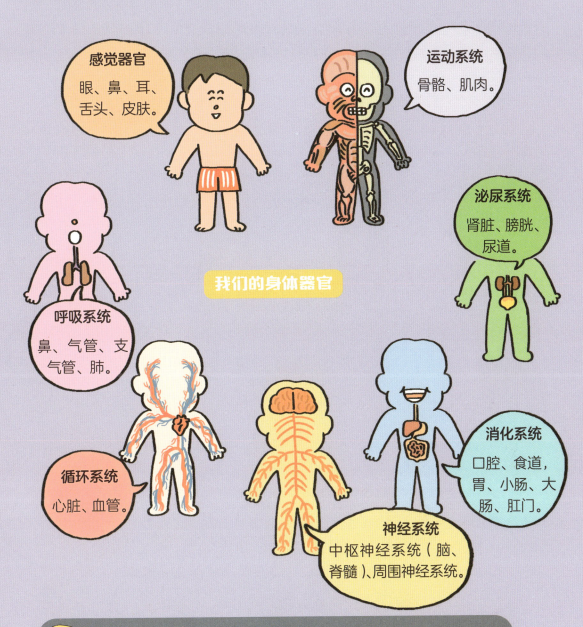

感觉器官

眼、鼻、耳、舌头、皮肤。

运动系统

骨骼、肌肉。

泌尿系统

肾脏、膀胱、尿道。

我们的身体器官

呼吸系统

鼻、气管、支气管、肺。

消化系统

口腔、食道，胃、小肠、大肠、肛门。

循环系统

心脏、血管。

神经系统

中枢神经系统（脑、脊髓）、周围神经系统。

我们的身体是怎么长大的？

　　骨骼生长过程中会变长、变宽和变重。随着骨骼的发育，骨细胞会分裂增生，从而使我们长高。处于成长时期的儿童，骨骼两端有骺软骨，也叫作生长板。骺软骨的作用是分裂出新的细胞，使骨头长粗、长长，就像前面讲过的植物的生长点一样！脑垂体分泌的生长激素可以刺激骺软骨，促进骨骼发育。等发育全部结束后，骺软骨会钙化变硬，成为正常骨头。原骺软骨处会形成一线状痕迹，称为骺线。骺线形成后，骨头便会停止生长，这在医学上叫作"骨骺线闭合"。

骨头和肌肉 听说大人的骨头比儿童的少？

　　刚出生的小婴儿拥有约 300 块骨头。但随着生长发育，有些骨头会合并为一块。发育完成的成年人，共有 206 块骨头。新生儿拥有 40 多块颅骨，而成年人只有 29 块。由于骨头生长过程中会发生变化，所以在一些刑事侦查中，单凭骨头就可以推测出相关人员的年龄。

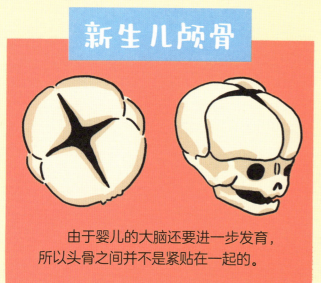

新生儿颅骨

由于婴儿的大脑还要进一步发育，所以头骨之间并不是紧贴在一起的。

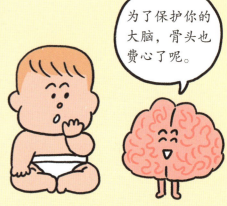

为了保护你的大脑，骨头也费心了呢。

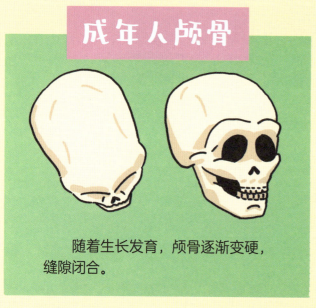

成年人颅骨

随着生长发育，颅骨逐渐变硬，缝隙闭合。

咚咚

嚯，骨头合并在一起了，所以数量也减少了！

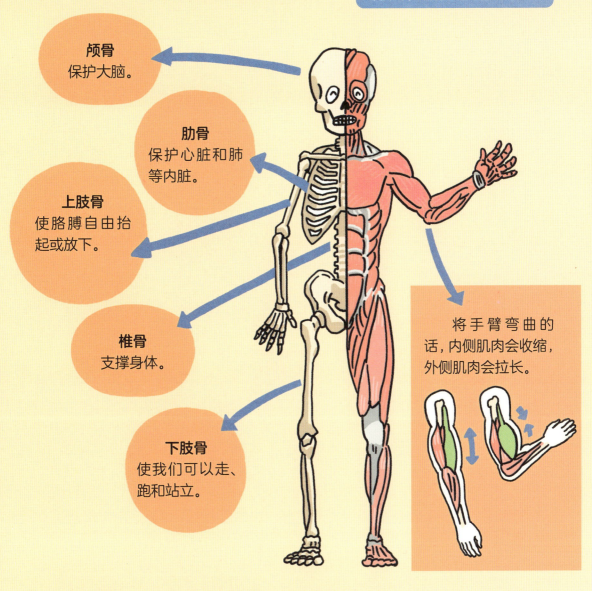

颅骨
保护大脑。

肋骨
保护心脏和肺等内脏。

上肢骨
使胳膊自由抬起或放下。

椎骨
支撑身体。

下肢骨
使我们可以走、跑和站立。

将手臂弯曲的话，内侧肌肉会收缩，外侧肌肉会拉长。

骨头和肌肉作为运动系统的器官，可以使我们的身体站立或移动。骨头以不同形式联结在一起，构成骨骼。骨骼可以起到支撑身体、保护内脏的作用。附着在骨骼上的肌肉通过拉长和收缩来带动骨头移动。

最大的骨头和最小的骨头分别是什么？

最大的骨头是股骨，它的长度可以达到约50厘米。最小的骨头在耳朵里面，叫作镫骨。它的长度只有2毫米左右，比一粒大米还要小。什么？你以为牙齿才是最小的骨头。其实，牙齿不是骨头。骨头如果裂开或折断的话可以再生，而牙齿碎掉就无法再生了。

大便的形状为什么每次都不一样？

受健康状态和消化程度的影响，大便的形状和颜色会发生改变。身体健康时的大便呈香肠状且较软，并且，受到消化液之一的胆汁的影响，会呈现出黄褐色。但是，在健康出现问题时，大便的形状和颜色会发生变化。比如大便内混入血液时会呈现出暗红色；肝脏功能出问题时，还会呈现灰色的大便。

是谁把大便研究得这么清楚啊？

1997 年，英国布里斯托大学的肯·希顿医生将人类的大便分为七类！

第 1 型
像一颗颗硬球，难以通过肠道。

第 2 型
表面凹凸，呈香肠状，质地较硬。

第 7 型
无固定形状的水状，完全是液体。

第 3 型
呈香肠状，表面有裂痕。

第 6 型
松软的糊状。

第 4 型
呈香肠状，表面光滑，质地较软，很容易通过肠道。

第 5 型
断裂、柔软的块状，易通过肠道。

消化是指我们吃进去的食物随着消化器官的移动被粉碎成为营养素，被身体吸收的过程。消化结束后，剩余的残渣会变成粪便排出。

进入体内的食物是怎样被消化的？

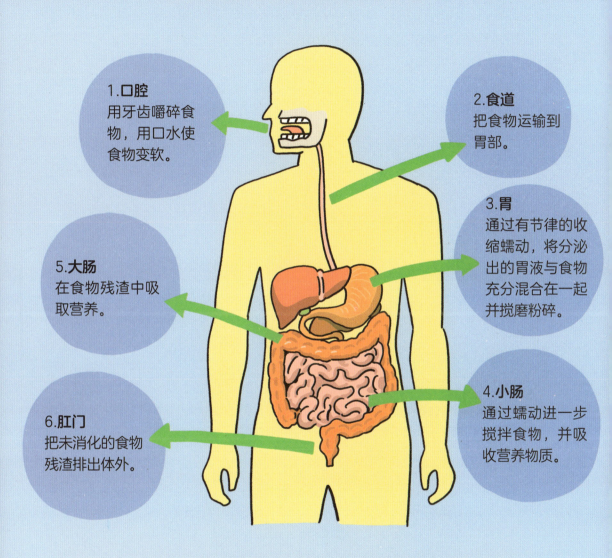

1.口腔
用牙齿嚼碎食物，用口水使食物变软。

2.食道
把食物运输到胃部。

3.胃
通过有节律的收缩蠕动，将分泌出的胃液与食物充分混合在一起并搅磨粉碎。

5.大肠
在食物残渣中吸取营养。

4.小肠
通过蠕动进一步搅拌食物，并吸收营养物质。

6.肛门
把未消化的食物残渣排出体外。

吃完饭后为什么会打嗝？

这是因为和食物一同吃进肚子里的空气，顺着食道调转方向从口腔里跑出来了。如果胃部空气太多，不通过打嗝排出的话就会引起胀气和消化不良等问题。油腻的食物或是冒泡的碳酸饮料都容易使人打嗝。

吸入雾霾会怎么样？

　　雾霾是悬浮在空气中的非常小的颗粒物。雾霾中的有害污染物质，会损害我们的身体健康。虽然我们鼻腔内的鼻毛可以帮助我们过滤一部分灰尘、细菌等有害物质，但雾霾中含有的直径非常小的颗粒物能够突破鼻毛的防线，进入我们的肺部，跟随血液流动到全身，可能在肝脏、心脏、大脑或肾脏等器官上引发健康问题。所以，在雾霾严重的天气里，一定要佩戴专业的防雾霾口罩。

呼吸简单来说就是呼气和吸气，是机体与外界环境之间进行气体交换的过程。通过呼吸运动，人体吸入需要的氧气，呼出不需要的二氧化碳。

呼吸是如何进行的?

呼吸时空气的移动

吸入的空气

鼻 → 气管 → 支气管 → 肺

呼出的空气

肺 → 支气管 → 气管 → 鼻

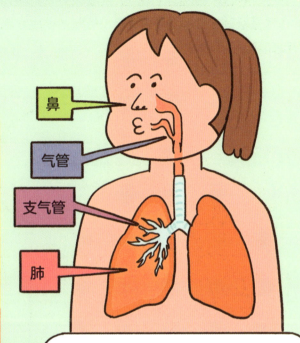

鼻

气管

支气管

肺

外部空气被吸入肺部后，空气中的氧气被吸收到血液中。血液的运行，一方面为体内各组织供氧；另一方面把组织细胞不需要的二氧化碳重新输送回肺部。随后，二氧化碳会随着呼气被排出体外。

人为什么会打呼噜?

因呼吸道在睡眠时会变窄，所以此时进入体内的空气振动腭垂（俗称"小舌"）会发出呼噜声。呼吸道是指呼吸时气流所经过的从鼻到支气管的通道。呼吸道变窄有很多原因，鼻炎或鼻窦炎致使鼻腔内部肿胀，或是因肥胖导致的喉咙处脂肪堆积都有可能引起呼吸道变窄。

手腕上的血管为什么会跳动？

这是因为心脏怦怦跳动的同时会推动血管里的血液流动。也就是说，随着心脏的舒张和收缩，血管也会扩张或收缩，这就叫作"脉搏"。脉搏比平时弱或出现不规则搏动是心脏出现问题的表现。所以，医生在给病人检查心脏时，会用手指按在病人手腕内侧检查脉搏。

我们可以触摸到脉搏的血管是**动脉**。动脉是从心脏发出的、将血液由心脏运送至身体各处的血管。

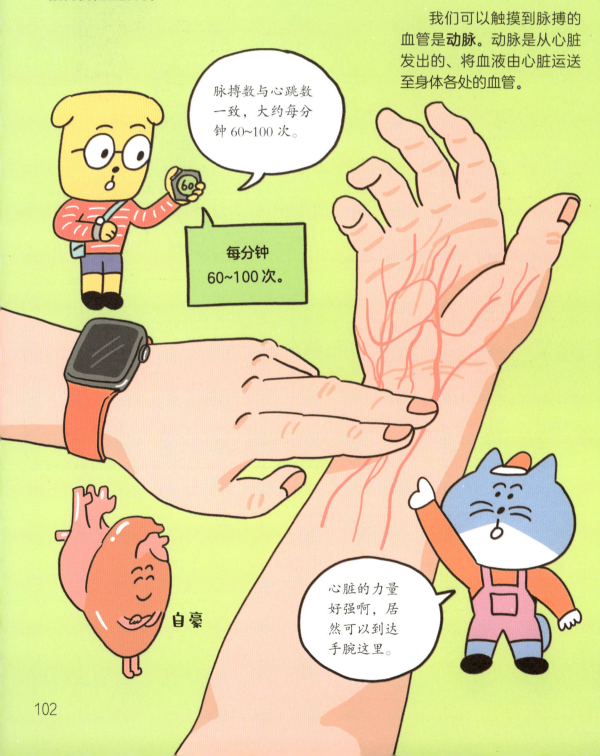

脉搏数与心跳数一致，大约每分钟 60~100 次。

每分钟 60~100 次。

心脏的力量好强啊，居然可以到达手腕这里。

自豪

心脏是通过周期性收缩和舒张将血液输送到全身的循环器官。血液流经的一系列管道就是血管。血液在全身循环，为身体各个组织提供氧气和营养物质，同时把代谢产生的二氧化碳等废物输送至呼吸器官及排泄器官，排出体外。

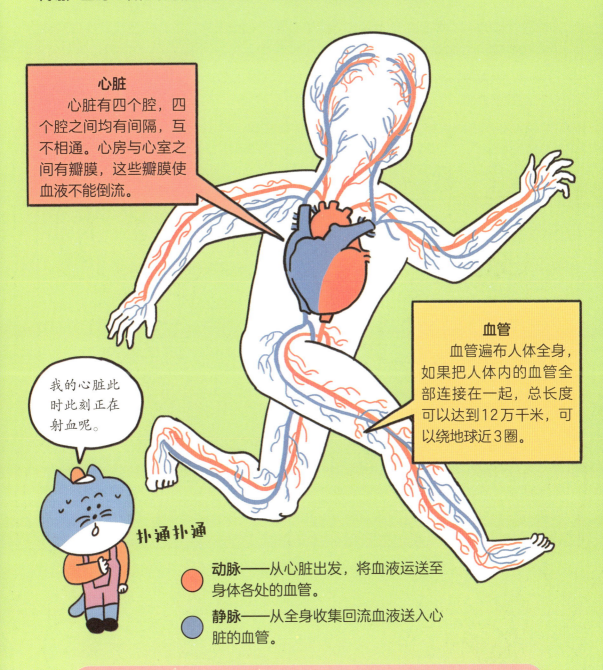

心脏
心脏有四个腔，四个腔之间均有间隔，互不相通。心房与心室之间有瓣膜，这些瓣膜使血液不能倒流。

血管
血管遍布人体全身，如果把人体内的血管全部连接在一起，总长度可以达到12万千米，可以绕地球近3圈。

我的心脏此时此刻正在射血呢。

扑通扑通

动脉——从心脏出发，将血液运送至身体各处的血管。

静脉——从全身收集回流血液送入心脏的血管。

剧烈运动后脉搏加速的原因
剧烈运动后，心脏需要更快速地给全身供血。如果运动后心脏还是保持平常跳动的速度，就会引发供血不足，使人晕倒。

在寒冷的地方小便时身体为什么会发抖？

因为小便是温热的。在寒冷的地方试着小便一次就知道了，有时甚至可以看到冒着热气的小便。温热的小便被排出体外时会将一部分身体内的热量带走，所以身体会通过发抖来产生热量，恢复体温。

寒冷的时候小便的量也会变多。因为我们体内的废物多是通过小便和汗排出的，所以当天气冷出汗少的时候，小便的量就会增加。

那我要赶快跳一跳多出点汗。我可不想在洗手间待太久，哈哈哈！

排泄是指把血液中产生的废物排出体外。因为血液在全身各处循环，会堆积身体所不需要的废物，这些废物对人体有害，必须将其排出。排泄主要是通过小便！每个人每天平均要排出 1.5~2 升的小便。

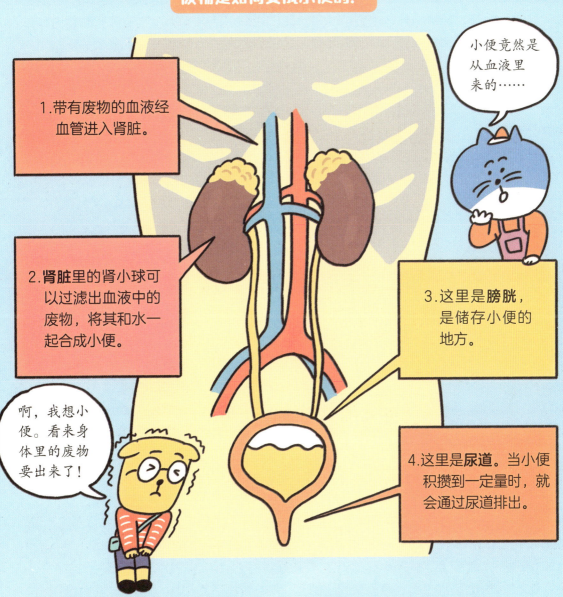

废物是如何变成小便的？

1. 带有废物的血液经血管进入肾脏。

2. **肾脏**里的肾小球可以过滤出血液中的废物，将其和水一起合成小便。

啊，我想小便。看来身体里的废物要出来了！

3. 这里是**膀胱**，是储存小便的地方。

小便竟然是从血液里来的……

4. 这里是**尿道**。当小便积攒到一定量时，就会通过尿道排出。

从小便颜色看身体健康

　　身体健康时的小便一般呈淡黄色，这是受蛋白质被消化时产生的一种黄色色素（尿色素）的影响。当饮水较多时，小便颜色会变浅。而饮水较少时，小便会变成像蜂蜜一样的深黄色。当健康状况不好时，小便还会呈现出红色、绿色或蓝色，有时还会出现泡沫！

吃完辣的食物后再喝点热水，为什么感觉更辣了？

这是因为舌头上能够感受到辣的感觉器官同时也能感受到热，所以吃了又热又辣的食物后，会产生双倍的感受。"辣"实际上不是一种味道。味觉器官可以感受到甜味、咸味、酸味、苦味和鲜味这五种味道。我们说的"辣"实际上是一种受到刺激后产生的轻微刺痛灼热的感觉，不属于味觉。正因为如此，不仅是舌头，我们的眼睛和指尖也可以感受到辣。

刺激由外部发生，能被眼、鼻、口、舌和皮肤等感觉器官所感知。反应是受到刺激时我们身体所引发的相应的活动。比如，一个棒球朝眼前飞来时（刺激）我们会避开（反应），或是信号灯变绿时（刺激）我们会过马路（反应）。

刺激如何引发反应

1.感觉器官接收刺激。

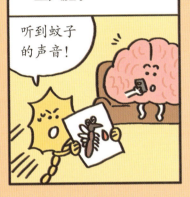

2.神经系统将刺激转达至大脑。

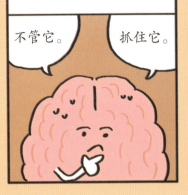

3.大脑分析刺激，下达下一步行动指令。

4.神经系统将大脑下达的指令传达给运动系统。

5.运动系统按大脑指令采取行动。

6.身体做出反应。

 有些反应是不经过大脑的

阿嚏！进入鼻孔的灰尘搞得鼻子痒痒的，不由自主就会打喷嚏。像这样受到外部刺激时打喷嚏的行为，是与大脑无关的生理反应。胀肚时的呕吐，疲惫时的哈欠都是不需要经过大脑处理的反应。

小学科学教材知识点对照表

配合课本，学习效果更好哟！

知识点	奇妙科学研究所 ❶		知识点	奇妙科学研究所 ❷	
	关联概念	本书页码		关联概念	本书页码
物质的性质	物质	002	能量与生活	能量	002
物质的形态	固体	004		能量转化	052
	液体	006	磁铁的使用	磁铁	004
	气体	008		磁力和磁场	006
混合物的分离	混合物	012	声音的特性	声音	008
水的物态变化	物态变化	014		音量	010
	蒸发	016		音高	012
	沸腾	018		声音的反射	014
	凝结	020	物体的重量	重量	016
溶解和溶液	溶解	022		平衡控制	020
酸和碱	酸	024	影子和镜子	光	022
	碱	026		影子	024

知识点	奇妙科学研究所 ❶		知识点	奇妙科学研究所 ❷	
	关联概念	本书页码		关联概念	本书页码
植物的生活	植物生长的环境	060	电的利用	电磁铁	050
	植物的分类	062	地球的面貌	地球	056
生物多样性与我们的生活	种子植物	064	地表的变化	土壤	058
	孢子	066		侵蚀作用	060
	菌类	068		沉积作用	062
	原生生物	070	地层与化石	地层	064
	细菌	072		沉积岩	066
生物和环境	生态系统	074		化石	068
	食物链，食物网	076	火山和地震	火山	070
	生态金字塔	078		岩浆岩	072
植物的结构与机能	细胞	080		地震	074
	根	082	水的旅行	水循环	076
	茎	084	天气与生活	天气	078
	叶和光合作用	086		湿度	080
	蒸腾作用	088		露和雾	082

索 引

按照字母顺序整理的科学术语都在这里啦！

怎么样？这些术语你都掌握了吗？如果有不明白的，请翻到对应的页码去看一看吧！

115

内 容 提 要

本套书是韩国畅销科普童书，根据韩国小学科学教材编写。全套书共两册，第1册为物质·生命，第2册为能量·地球，涵盖四大知识领域，共105个细分的概念，数百个知识点。全套书由两个Q萌可爱的卡通形象——萌米和喵靓为主角，从我们日常生活的内容出发，对孩子小学阶段必备的科学概念进行了探究，并用有趣的实验开启了孩子对科学的兴趣！全书用精美细腻的图画，简洁生动的文字，激发孩子对身边万物的求知欲，培养他们的深入探索精神，引领他们走进科学的殿堂。

图书在版编目（CIP）数据

奇妙科学研究所：全二册 / （韩）李净雅著 ；（韩）
罗仁完绘 ；向阳译. -- 北京 ：中国水利水电出版社，
2022.5
　ISBN 978-7-5226-0553-1

Ⅰ. ①奇… Ⅱ. ①李… ②罗… ③向… Ⅲ. ①科学知
识－少儿读物 Ⅳ. ①Z228.1

中国版本图书馆CIP数据核字（2022）第041833号

과학 개념 연구소 시리즈 1: 물질 · 생명 (Science Concept Lab series 1: Material / Life)
과학 개념 연구소 시리즈 2: 에너지 · 지구 (Science Concept Lab series 2: Energy / Earth)
Text copyright © Jeong-ah Rhee, 2021
Illustrations copyright © In-wan Na, 2021
First published in Korean in 2021 by BIR Publishing Co., Ltd.
Simplified Chinese edition copyright © Beijing Land of Wisdom Books Co., Ltd., [2022]
All rights reserved.
This Simplified Chinese edition published by arrangement with BIR Publishing Co., Ltd. through
Shinwon Agency Co. and CA-LINK International LLC.

北京市版权局著作权合同登记号：01-2022-0668

书　　　名	奇妙科学研究所（全二册） QIMIAO KEXUE YANJIUSUO （QUAN ER CE）	
作　　　者	［韩］李净雅 著　　向 阳 译	
绘　　　者	［韩］罗仁完 绘	
出版发行	中国水利水电出版社 （北京市海淀区玉渊潭南路1号D座　100038） 网址：www.waterpub.com.cn E-mail：sales@mwr.gov.cn 电话：（010）68545888（营销中心）	
经　　　售	北京科水图书销售有限公司 电话：（010）68545874、63202643 全国各地新华书店和相关出版物销售网点	
排　　　版	北京水利万物传媒有限公司	
印　　　刷	天津图文方嘉印刷有限公司	
规　　　格	180mm×260mm　16开本　16.25印张（总）　275千字（总）	
版　　　次	2022年5月第1版　2022年5月第1次印刷	
定　　　价	120.00元（全二册）	

会 讲 故 事 的 童 书

一口吞下教科书

奇妙科学

研究所

（全二册）

② 能量·地球

〔韩〕 李净雅 著
〔韩〕 罗仁完 绘
　　　 向 阳 译

中国水利水电出版社
www.waterpub.com.cn
·北京·

欢迎来到
奇妙科学研究所！

喵靓
一只怀着强烈好奇心并沉浸在科学概念研究中的猫咪。独门绝技是提出反问！

大家好！很高兴再次来到奇妙科学研究所。在第 1 册【物质·生命】中见过面之后，你觉得我们的研究所怎么样呢？和萌米、喵靓一起进行的科学概念大冒险是不是非常非常有趣好玩呢？这次也敬请期待吧！在新的旅程中，我们会坐着热气球升上天空，也将成为魔术"大变活人"的主人公，或将离开地球表面，前往月球探险。那么，现在就请跟着我们的首席研究员萌米、喵靓一起出发吧？

❶ 好奇的问题

啊，好疑惑！萌米和喵靓的探险是从生活中的好奇心开始的。如果你也有相同的疑问，那么请去 ❷ 看一看吧！

探险示意图

DRO 能量

为什么从越高的地方摔下来就越疼？

因为物体开始下落时的高度越高，能量就越大。物体在特定位置上具有的能量叫作"势能"。比起放在地面上的物体，位于山顶的物体的势能要大得多。势能越大的物体，下落时的冲击力也越大。

❷ 解答好奇心

萌米和喵靓将在这里展开自己的探险，用做实验、卡通画等丰富多彩且充满趣味的方式来解答你的好奇心！你想知道与这个问题有关的科学概念吗？请去 ❸ ！

3 概念梳理

这里将会把与本问题有关的科学概念用易于理解的语言简单准确地解释出来。你还想了解更多的知识吗？请去 **4**！

能量就是能够用来做各种事情的力量。生物存活、汽车行驶、手机开机等都需要能量。能量可以从太阳、风、水、煤炭、石油和天然气等资源中获得。能量的形式是多种多样的。

能量的不同形式

来自太阳或电灯泡的**光能**

与物体温度有关的**热能**

4 深入了解概念

萌米和喵靓会出现在这里，更加详细和深入地解释这些概念，帮助你更好地理解它们。

运动所具有的**动能**

与物体位置有关的**势能**

电流流动时产生的**电能**

让你感受一下我的能量吧！

5 拓展读物

这里会介绍一些与本章节科学概念相关的趣味科学常识。

大便也可以制造出能量吗？

在英国，有一种靠粪便提供动力的环保公交车，叫作生态公交车（Poo-Bus）。这种公交车以生物甲烷为燃料，甲烷正是微生物分解大便时产生的。生态公交车行驶 300 千米所需的甲烷，大约需要 5 个成年人一年的粪便来制造。

目录

01 能量

02 地球

01

能量

一起来认识光、热、电等这些我们生活中常用的
各种形式的能量吧。

为什么从越高的地方摔下来就越疼？

因为物体开始下落时的高度越高，能量就越大。物体在特定位置上具有的能量叫作"势能"。比起放在地面上的物体，位于山顶的物体的势能要大得多。势能越大的物体，下落时的冲击力也越大。

能量就是能够用来做各种事情的力量。生物存活、汽车行驶、手机开机等都需要能量。能量可以从太阳、风、水、煤炭、石油和天然气等资源中获得。能量的形式是多种多样的。

能量的不同形式

来自太阳或电灯泡的**光能**

与物体温度有关的**热能**

运动所具有的**动能**

与物体位置有关的**势能**

电流流动时产生的**电能**

让你感受一下我的能量吧！

🐱 大便也可以制造出能量吗？

在英国，有一种靠粪便提供动力的环保公交车，叫作生态公交车（Poo-Bus）。这种公交车以生物甲烷为燃料，甲烷正是微生物分解大便时产生的。生态公交车行驶300千米所需的甲烷，大约需要5个成年人一年的粪便来制造。

信用卡背面的黑色长条是磁铁吗？

是的！这个叫作"磁条"的黑色长条上分布着很多细小的磁铁粉末，卡片的全部信息就储存在这里。按照一定的规律将这些磁铁粉末排列起来，就可以利用其磁性记录信息了。不仅是信用卡，在存折、地铁卡等卡面上也可以看到这种磁条。如果把磁铁放到磁条上，磁条里记录的信息就会消失，那么卡片也就作废了，所以一定要小心啊！

实验！找出藏在信用卡里的磁铁

准备物品：一张废弃的信用卡、铁粉、透明胶带、纸。

1. 准备一张已经废弃的磁条信用卡！

2. 在卡片背面的磁条上撒上铁粉！要撒得满满的，直到将磁条全部覆盖。

3. 把信用卡上的铁粉抖掉，会发现磁条上的铁粉呈条形码状排列。这是因为铁粉被磁铁吸住了！

4. 还想看得更清楚吗？用透明胶带在磁条上粘一下再撕下来，铁粉会被胶带粘下来！

磁铁是一种可以吸住铁的黑色矿物。常见的磁铁有长条状的条形磁铁，U 字形的蹄形磁铁和铜钱状的环形磁铁。每个磁铁上磁性最强的部分叫作"磁极"。以条形磁铁为例，条形磁铁的两端是磁极，指向北的叫作"N 极（北极）"，指向南的叫作"S 极（南极）"。

磁铁的性质

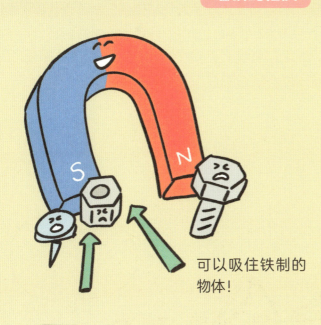

可以吸住铁制的物体！

同极相斥，异极相吸！

为什么我试了好几次，每次都指向同一个方向呢？

指向固定的方向！

没错，N 极总是指向北方的。指南针就是利用磁铁的这个性质来指示方向的。

候鸟判断方向的秘诀跟磁铁有关？

候鸟即使飞到了数千千米外的地方，也会在换季时再回来。这其中的秘密就是，候鸟的大脑可以感受到地磁场的信息，候鸟会利用这个信息定向导航，判断南北，从而找到回来的路。

有趣又环保的"钓废铁"活动

在法国巴黎的塞纳河边，一项特别的垂钓活动正在悄然兴起。这个垂钓可不是普通的钓鱼活动哦，而是钓生锈的自行车或是金属废品的活动。垂钓者不仅能体验到一种对结果未知的乐趣，还能把垃圾从河里钓出来，为保护环境出一份力。这些特殊垂钓者们的钓竿上系的不是钓鱼线，而是结实的钢丝绳。"诱饵"也不是蚯蚓，而是磁铁。将这样的钓竿甩入水中，河里的废铁就会被磁铁的力量吸住而被钓上来。

磁力就是磁体之间相互作用的力，磁体周围存在磁力作用的空间叫作磁场。磁铁之所以能够吸住铁粉，就是因为铁粉处在这块磁铁的磁场内。距离磁体越近，磁场就越强；反之，距离磁体越远，磁场就越弱，直至消失。

在磁体周围作用的力

铁粉

磁铁两极的部分好像吸引了更多的铁粉，是吗？

没错，两极的磁力的确更强一些。像这样把铁粉撒在磁铁周围，就能一眼看出磁场的分布了吧？

小心驾驶

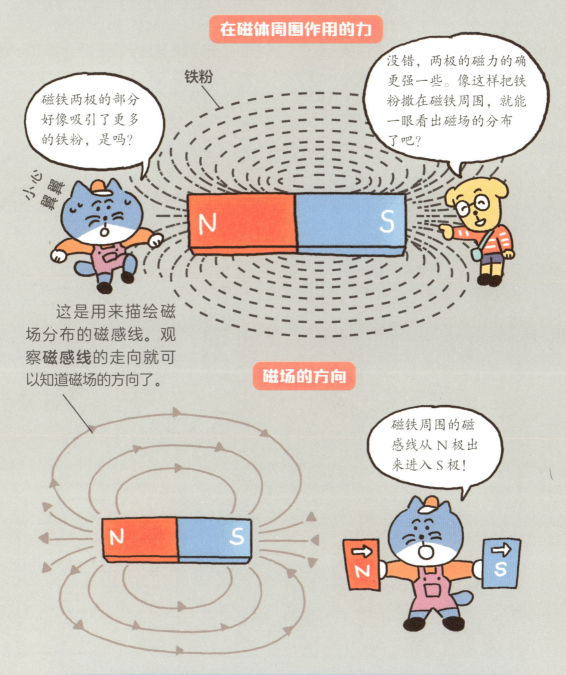

　　这是用来描绘磁场分布的**磁感线**。观察**磁感线**的走向就可以知道磁场的方向了。

磁场的方向

磁铁周围的磁感线从 N 极出来进入 S 极！

　　听说地球也有磁场？

　　由于地球本身具有磁铁的性质，所以具有磁场。地球的磁场就像是地球的盾牌一样，可以帮助地球阻挡来自宇宙中的放射线等能量。太阳的能量和地球大气发生冲突时会产生一种发光现象，那就是"极光"。

为什么在水里听不到外界的声音？

　　这是因为在空气中传播的声音遇到水时，会被水吸收一部分。那么，如果在水里发出声音的话会怎么样呢？即使是同样的声音，也会比在水外面听到的大得多。这是因为比起空气，水传播声音的能力更强。像这样能够传播声音的物质就是"介质"。除了空气和水以外，声音还可以通过墙壁或桌子等固体介质传播。

不同介质传播声音的能力

| 固体 | > | 液体 | > | 气体 |

　　那么，声音在宇宙中听起来是什么样的呢？
　　其实，宇宙中没有可以作为传播介质的空气，所以是听不到声音的。

吉他的振动

空气的振动

鼓膜的振动

　　声音是物体振动所产生的声波。用手指触摸正在发出声音的吉他弦，会感觉到明显的振动。不弹拨吉他弦时，吉他弦不会发生振动，也就不会发出任何声音。人的嗓音也是一样的，是通过喉咙里的声带振动发出的声音。

嗓音也有"指纹"？

　　每个人都有自己专属的、特定的声音。通过电脑对声音进行分析的话，会出现像指纹一样拥有特别图案的"声纹"。专家们可以通过声纹鉴定寻找案件的犯罪嫌疑人。

楼上跑跳的声音为什么听起来那么大?

那是因为声音会从楼上地板开始,沿着楼下天花板、楼上墙壁、楼下墙壁和水管等扩散开来。我们的耳朵对像这样通过固体传播的声音比通过空气传播的声音更加敏感。正如前面所说,当介质是固体时,声音的传播能力更强。所以,即使是很小的脚步声,在楼下听起来声音也会很大。

 "震耳欲聋"是什么意思?

这句话的意思是非常大的声音会使耳朵里的耳膜破裂,从而使人丧失听力。耳膜又叫鼓膜,鼓膜是位于耳朵内部的漏斗状薄膜,它可以把空气的振动传到耳蜗和听小骨上,使人听到声音。正如"震耳欲聋"这个成语所说,如果耳朵接收到特别大的声音,鼓膜就会有破裂的风险。

音量是指声音强弱的程度。大力敲鼓会产生打雷般的巨响，但轻轻敲打则只会发出微弱的声音，对吧？音量是由使物体发生振动的力量大小来决定的。就像体重用千克（kg）来表示，身高用厘米（cm）来表示一样，音量是用分贝（dB）来表示的。

音量的比较

物体振动的幅度越大，声音就越大！

把音量调到最大时可以明显感受到振动！

把音量调小后振动似乎一下子减弱了，对吗？

生活中常见声音的音量

钟表秒针移动的声音
约20dB

嘀咕 嘀咕

窃窃私语的声音
约30dB

正常说话的声音
约60dB

嘀嘀！

汽车按喇叭的声音
约110dB

飞机的轰鸣声
120dB

大提琴和小提琴长得那么像，为什么发出的声音却不同？

这是因为它们的尺寸大小不同，弦的粗细和长度也不同。小提琴比大提琴尺寸更小，弦也比大提琴的弦更细，所以发出的声音更高。发声物体越细小振动就越快，而振动越快声音就越高。

音高就是指声音的高低程度。发出的声音是高还是低，取决于物体振动频率。物体振动快就会发出高音，振动慢则会发出低音。科学家把声音每秒钟的振动的次数称为"振动频率"，振动频率的国际单位是赫兹（Hz）。任何一个音振动频率的二倍音就是它的高八度音。

音高的比较

原来木琴音条的长度各不相同是有原因的啊。

我喜欢高音，也喜欢快速的振动！

音条长 → 振动频率低 → 低音

物体的振动频率越高，音高越高！

音条短 → 振动频率高 → 高音

女性嗓音比男性噪音高的原因
　　女性的声带比男性的更短更薄。也就是说，女性嗓音比男性嗓音的振动频率更高。男性嗓音的振动频率是100~150Hz，女性嗓音的振动频率是200~250Hz。

声音的反射

听说在浴室里唱歌的水平不亚于歌手？

在洗澡的时候唱歌，总觉得自己的水平都能当歌手了吧？不过，这一切可能都是错觉噢！就像在练歌房里增加回声那样，在浴室里唱歌可以自动产生回声。声音遇到瓷砖墙壁后会向各个方向反射，回荡在整个浴室空间里。随着声音在空间里变得丰富而立体，人会产生歌唱得好的错觉。

我好像不是五音不全啊！我唱得可真好听啊，不是吗？

真的吗？其实只是因为澡堂的瓷砖墙比较厚，能很好地反射声音，产生好听的错觉罢了……

喷！

嘿嘿嘿

014

声音的反射是指声音在遇到墙或天花板等障碍物时被反射回其他方向的现象。声音在遇到墙体那样的坚固物体时的反射效果很明显，但遇到泡沫塑料等柔软物体时的反射效果不佳。

生活中常见的声音反射现象！

音乐厅

为了使声音更加均匀、立体，特意在天花板或墙壁中设置反声板。

利用声音的反射，可以使观众听到更加震撼立体的声音！

道路

为了防止噪声扩散，设置隔音墙将声音反射回去。

同时也可以阻挡噪声！

可以利用声音来测量距离

利用超声波可以测量距离。超声波是比人耳能听到的声音的振动频率更快的音波。只要测出声音遇到障碍物后反射回来的时间，再利用声音的速度就可以计算出距离了。使用这种方法，只要测出海洋中各处与海底的距离，就能够知道海底的地形了。

重量 为什么在电梯里蹦蹦跳跳很危险？

"叮！电梯已超载！"大家也许都经历过这样的情况吧。这是电梯察觉到轿厢内的总重量超过限制后做出的判断。当电梯载重超过规定承重时，电梯就会停止运行以确保人员安全。如果此时在电梯内大肆蹦跳的话，电梯内的重量就会忽重忽轻。就好像我们在体重秤上蹦跳，测量结果也会忽上忽下。如此一来，电梯的吊索会受到不稳定力的影响，这可能导致十分严重的后果。知道了这个原理，大家以后不会在电梯内蹦跳了吧？

　　重量是物体受地心引力作用后产生的力的大小。举个例子，体重大的大象比体重小的老鼠所受到的地心引力更大。重量常用国际单位克（g）和千克（kg）来表示。但从严格意义上来说，这些都是质量的单位。

空气也有重量

　　比羽毛还轻的空气也有自己的重量。把没有吹气的气球放在电子秤上称出重量，然后用嘴把气球吹饱气，重新再称一下重量。虽然空气是非常非常轻的，但也可以确定空气是具有重量的。

听说在太空中没法使用圆珠笔？

20世纪60年代进入太空的宇航员们在记笔记的时候吓了一大跳，因为在太空中，圆珠笔的油墨出不来，即使有笔也什么都写不了。那时的圆珠笔要靠油墨下到笔尖，浸湿笔尖上的珠子才能写出字来。因为地球上存在重力，所以油墨可以自然而然地下到笔尖。但太空中没有重力，油墨在那里无法顺利下行。1965年，在太空中也可以写字的专用笔被发明出来了。这种笔叫作太空笔（Space Pen）。

重力是物体由于地球的吸引而受到的力。不仅是地球，火星、金星、太阳和月球等所有天体上都有重力。但是太空中几乎没有重力，所以进入太空的宇航员们总是飘浮着的。

这些都是因为重力！

无论在地球何处抛扔物体，物体总是会掉在地上。这是因为地球会把物体拉向地心方向。

还是不够强壮嘛。

向上举物体时十分费力。这是因为向上举时的力与地球的引力方向相反。

越好吃就越重吗？

看来你还是更爱吃西瓜啊。

越重的物体拿起来越费力。这是因为地球对重物的引力更大。

如果有一天，重力突然消失了？

那么所有人和物体都会飘浮在空中，同时这也会给健康带来负面的影响。由于不再需要承受重力，骨头和肌肉会逐渐变弱。没有重力，肠胃中的食物也无法顺利下行，从而会引发消化不良。

平衡控制　滑冰选手为什么在转弯时身体要向内侧倾斜？

观看短道速滑比赛时会发现，所有的选手在进入弯道时都会将身体向内侧倾斜，对吧？这是为了控制身体平衡。使快速旋转的物体远离旋转中心的力，叫作"离心力"。在离心力的影响下，为了避免摔倒或是滑出赛道，必须要将身体往与离心力相反的方向倾斜以保持平衡。

平衡控制是指人或物体为了不向某一侧倾斜而保持平衡的状态。如果不想让物体向某一侧倾斜的话，需要考虑到"重心"。重心就像跷跷板的中轴一样，是使物体维持不倒的中心点。

重量相同时的平衡控制

正中间的支点是重心！

重量不同时的平衡控制

把轻的小车向中间移动，结果更加倾斜了！

把重的小车往支点附近移动，才能保持平衡！

每个人的步伐都不相同，是因为控制平衡的方法不同！

我们的身体为了稳稳地走路不摔倒，需要持续地控制平衡。走路时摆动手臂是为了控制平衡，在我们眼睛看不见的地方，脖子、肩膀和腰部等所有关节的移动也是为了控制平衡。每个人的体形都不一样，对吧？所以各自控制平衡的方法也不相同。这就是每个人步伐不同的原因！

我们看到的不是物体本身，而是照在物体上的光？

因为有太阳或电灯泡这些自身可以发光的物体，我们才能看清周边的万事万物。如果没有光的话，我们什么都看不到。家、学校、书等东西自身都无法发光。我们之所以能看见它们，是因为有光照在上面，光线被反射后，它们才映入我们的眼帘。

光能够刺激我们的眼睛，使我们看见物体。除此之外，光还能让我们感觉到温暖，使植物可以制造养分。对了，光还可以用来发电。

光谱

> 有眼睛能看到的光，也有眼睛看不到的光。把光进行分解后形成的图案叫作"光谱"。

给牙刷或厨房用品杀菌消毒的**紫外线**。

即使在黑暗处也能很容易找到人和动物的**红外线**。

伽马射线	X射线	紫外线		红外线	超短波	无线电波

可以看到人体内部的**X射线**。

可见光

我们人眼可以感知的光线称为**可见光**。使阳光通过三棱镜，就可以看到彩虹色了。

广播电台使用的**无线电波**。

比声音快得多的光！

　　请你想一想，雷声和闪电谁出现得更早呢？通常都是先看到闪电，然后才听到雷声的吧。因为光的速度比声音快得多。光在1秒内可以移动约30万千米，而声音在1秒内的移动距离只有大约340米。

听说影子还有彩色的？

影子不都是黑色的，还有彩色的呢。光照在不透明的物体上会投射出黑色的影子，但如果照在像玻璃纸那样部分透明的物体上，就会出现彩色的影子啦！

一起来制做彩色的影子吧！

准备物品：黑色手工纸、彩色玻璃纸、透明胶带、剪刀、小刀。

1. 在黑色手工纸上画出想要的影子图案，并用剪刀将图案剪下来。

2. 把要投射出彩色影子的部分掏空。使用小刀的时候要注意安全哦！

3. 用透明胶带把彩色玻璃纸粘贴在镂空处。

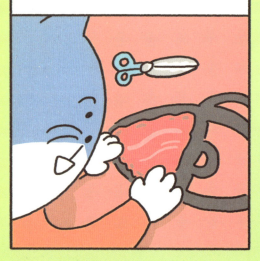

4. 在完成的剪纸作品上打光。

影子就是光被物体遮住后，在物体背后形成的阴影。影子的形状与物体的形状相似，但影子的长短和方向取决于光照在物体上的位置。另外，光和物体之间的距离也会影响影子的大小。

可以看到地球的影子吗？

　　当"月食"现象发生时，我们就可以看到地球的影子了。月食指的是大而圆的满月从边缘开始，一点点被地球阴影遮挡的天文现象。每年至少会发生两次月食。下次新闻上出现月食预报的时候，你一定要亲自观察一下啊！

什么，激光剑根本不存在？

科幻电影中经常会出现非常炫酷的激光剑！但这种剑从科学上来看是不可能存在的。激光也是光的一种，而光在遇到物体之前是会无限延伸的。另外，用激光剑打斗更是不可能的。即使两把激光剑产生了碰撞，但由于光是沿直线传播的，所以两束激光会直接穿过彼此，继续向前延伸。

光的直线传播指的是光在同种均匀介质中沿直线传播的性质。光的直线传播的现象在生活中十分常见。从云层缝隙中倾泻下来的阳光，从门缝中透射进来的灯光等都属于这种现象。

因为光的直线传播……

产生了影子！因为直射光被物体遮住了。

影子和物体的形状相似也是因为光的直线传播。

影子和我的轮廓一样，好神奇。

日食的发生是因为月球夹在太阳和地球之间！

月球

地球

会发生**日食**和**月食**！

日食是指月球挡住全部或部分太阳光的现象。月食是指月球的全部或部分被地球影子遮挡的现象。

月食是地球进入太阳和月球之间产生的现象！

月球

地球

如果光不沿直线传播的话会怎样？

那么日常生活中对光的利用将会变得很难，因为我们不知道光会去向哪里。皮肤科点痣用的激光可能会偏离目标误烧到完好的皮肤，超市里的商品可能也会因为打印不上条形码而被偷吃掉。

魔术师可以大变活人！怎么做到的？

魔术魔术变变变！人一旦进入盒子里，就只剩下头部，而身体却消失了？这是障眼法。魔术师的盒子里有一面镜子，我们看到的只是镜子反射出的盒子的底部。

光的反射是指光在沿直线传播的过程中遇到物体后改变传播方向的现象。照镜子时，我们能够在镜子里看到自己的样子，对吗？同时还能在镜子里看到我们身后的物体。这都是因为光的反射现象。

镜面反射

镜子、玻璃和散发光泽的金属这类表面光滑的物体，会把光线往同一个方向反射。光线被平行地向同一个方向反射出来，我们才能在镜子里看清楚自己的样子。

漫反射

破碎的镜子、坑坑洼洼的金属或是荡漾的碧波这类粗糙不平的表面，会把光往各个方向反射。这时很难像照镜子那样把物体看得清楚。

蓝色的鸟、蓝色的蝴蝶……实际上是不存在的？

青鸟、松鸦、蓝闪蝶等蓝色的鸟和蝴蝶本身是褐色或黑灰色的。我们之所以看到它们是蓝色的，是因为它们体表的羽毛或鳞片的角质层之间隔着薄薄的空气层，这种特殊的物理结构会欺骗我们的眼睛，让我们误以为它们是蓝色的。因为这个空气层会吸收掉大部分的光波，只反射蓝色的光波。

光的折射　沙漠中为什么会出现海市蜃楼？

很多探险家在沙漠或极地地区见到过幻影，比如仙人掌向下的"倒影"，或是云层上方耸立的巨大宫殿等。这种海市蜃楼景观常发生在沙漠或极地这种空气和地面温差大的地方。因为当空气和地面温差大时，不同空气层中的光线会发生"折射"现象，让物体看起来像是出现在别的地方一样。

在沙漠地区，受到地表热空气的影响，仙人掌下方看起来就好像有水一样。

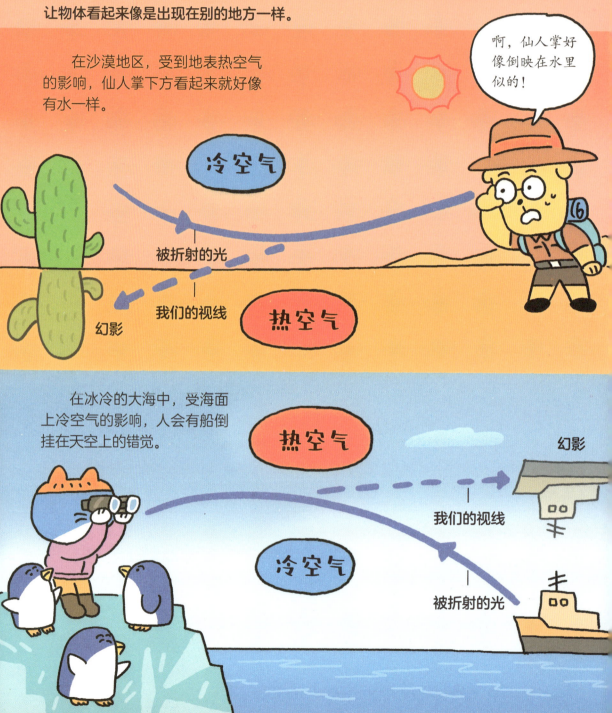

啊，仙人掌好像倒映在水里似的！

冷空气

被折射的光

我们的视线

热空气

幻影

在冰冷的大海中，受海面上冷空气的影响，人会有船倒挂在天空上的错觉。

热空气

幻影

我们的视线

冷空气

被折射的光

光的折射是指光从一种介质斜射入另一种介质时，传播方向发生改变，从而使光线发生偏折的现象。这是因为在不同介质中，光的传播速度是不同的。在水和空气、玻璃和空气、油和空气等不同介质的边界上会发生光的折射现象。

光的折射现象

放进水杯的勺子看起来好像被折断了似的！

把我的勺子还给我……

硬币本来放在看不见的位置，倒满水之后竟然能够看见了！

把我的杯子也……

用激光笔试一下，应该可以清楚地看到光线传播的路径吧？

哇，喵靓！真的看得很清楚啊！光线在水面处发生了弯折！

想用肉眼观察到激光？那就在透明水槽里加入水，再滴上几滴牛奶。在水槽里点上一支香，让烟填满水槽后盖上盖子。这时，再用激光笔照射水槽，就可以观察到激光的传播路径啦。

彩虹色彩斑斓的原因

彩虹就是大自然中发生的一种光的折射现象。阳光集合了所有的颜色，这些颜色全部组合在一起时会呈现出白色。但当下过雨之后，阳光照射在大气中密布的水滴上时便会发生折射，呈现出彩色的光。这时，光线向各个方向折射，就会出现从红色到紫色的各种颜色的光芒。

透镜 ## 为什么戴上眼镜之后就能看清楚东西了？

　　很多朋友都因为看不清远方的物体而戴上了眼镜。当眼球的前后径变长，即眼轴长度超出正常范围时，外界光线进入眼球后无法聚焦在视网膜上，这就是近视。戴上眼镜后，光线又可以神奇般地重新聚焦在视网膜上，也就能看得清楚了！

像喵靓那样视力很好的眼睛可以将光线聚焦在视网膜上！

视网膜

光

正常的眼睛

像我这样眼球前后拉长的话，光线无法在视网膜上聚焦，所以就看不清了。这就是近视。

近视的眼睛

近视时佩戴凹透镜做成的眼镜就可以看清楚了。因为凹透镜可以利用折射原理，使光线聚焦在视网膜上！

还给我。

好晕！

凹透镜

矫正的眼睛

透镜就是用玻璃或塑胶制成的、中间部分凸起或凹陷的球面光学镜片。它可以使光线汇聚或发散。透镜分为"凸透镜"和"凹透镜"。凸透镜主要用于制作放大镜、照相机、显微镜和针对老花眼的多焦镜。凹透镜主要用于制作近视眼镜。

对比项	凸透镜	凹透镜
外观	中间厚，边缘薄	中间薄，边缘厚
光线传播方向	汇聚光线 焦点	发散光线 焦点
近处的物体	看起来大	看起来小
远处的物体	形成倒像	成正立、缩小的虚像

动物的眼中有不同的世界

　　有眼睛的动物都有"透镜"。有趣的是，每种动物拥有的透镜都不太一样，所以看到的世界也会不同。鱼眼单侧的视角可以达到160度，而蜜蜂和蜻蜓这样的昆虫则拥有"复眼"（由多个小眼组成），它们眼中的世界就像马赛克一样。

额温枪测量体温的原理是什么？

　　身体的温度就叫作体温。用来测量体温的非接触式红外线测温仪可以测量额头上的红外线辐射能量，然后显示出温度。因为它可以感知到我们身体发出的红外线辐射能量。也许你会问，那为什么一定要测量额头上的温度呢？因为额头对体温的变化最敏感！

非接触式红外线测温仪

　　不需要有身体接触，就可以在额头或耳后测量出体温。但必须在皮肤没有出汗或异物的状态下进行测量哦。

接触式红外线测温仪

　　将尖尖的一头放入耳朵，停留1~2秒后按下测温按钮即可。但请注意，如果耳朵里有耳垢等异物的话，测出来的体温就不准了！

红外热成像摄像机

　　摄像机通过拍摄，可将不同体温用不同颜色显示成像。发热病人的成像比正常人看起来更红！

水银温度计

　　夹在腋下，等待5分钟后，原本位于最下方的水银会上升至体温对应的刻度。但水银有毒，使用时一定要小心。

温度是用来表示物体冷热程度的物理量。温度的单位有好几种，这是因为国际上为了更加客观地表示温度而约定了好几种标准。按照这些标准讨论温度，无论是谁都能够准确地了解到物体冷热的程度了吧？

摄氏度 ℃

摄氏度是我们日常中最常使用的温度单位。水开始结冰的温度是0℃，开始沸腾的温度是100℃（1标准大气压下，下同），其间平均分为100等份，每一等份记作1℃。

华氏度 ℉

以美国为代表的一小部分国家使用华氏度（℉）。水开始结冰的温度是32℉，开始沸腾的温度是212℉，其间平均分为180等份，每一等份记作1℉。0℉大约相当于−18℃！

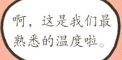

啊，这是我们最熟悉的温度啦。

℃和℉在读数的时候都读为"度"。我们平时说的"多少度"通常都是指摄氏度。当谈论华氏度时，通常说"多少华氏度"。

看"颜色"就能知道星星的温度

星星位于非常遥远的地方，肉眼看起来似乎都差不多。但如果使用望远镜观察的话，会发现每颗星星随着温度的不同会呈现出不同的颜色。温度越高就越蓝，温度越低则越红。像太阳这样的黄色恒星的表面温度大约是5800℃，蓝色星星的温度则是从2.9万~6万℃。

热气球为什么能飞上天?

　　热气球是利用加热的空气产生浮力,使其升上天空的巨大气球。在底部开口的气球下方悬挂着燃烧器,点火之后热气球内的空气就会被加热。气球里的热气把气球撑得鼓鼓的,一部分空气会从气球下方的开口跑出去,这样一来热气球整体会变轻,就可以升上天空了。取一个空塑料袋,用吹风机向里面吹点热气试试看,相信你会很快理解这个原理!

热量能够提高物体的温度，或是改变物体的状态。热传递就是热能从高温处向低温处传递的现象。随着热能从高温处传递到低温处，最终两处的温度会逐渐趋于一致。当温度完全相同时，热能将停止传递。

热传递的方式

热对流

暖空气上升，冷空气下降的过程中传递热能的现象。不仅发生在空气这样的气体中，也会发生在液体中。

热传导

物体之间在相互接触的同时传递热能的现象。主要发生在固体间。

热辐射

不经过中间物质，直接进行热传递的现象。

想阻止热传递的进行？那就让空气消失吧！

往保温瓶里加入热水时，水会保温很久对吧？这是因为保温瓶内的特殊装置有效地阻止了热传递的发生。保温瓶的瓶身由两层玻璃构成，玻璃与玻璃之间是真空状态，而真空下热传递很难进行。像这样阻止热传递的措施叫作"隔热"。

翻页书里小人的移动也可以称为 "运动" 吗？

　　翻页书是在多张纸上按照页码顺序画画，连续翻动时呈现出动态效果的书。快速翻动翻页书，书页上画着的小人就会像动画片一样生动地"动起来"。从科学的角度来看，书上画着的小人可以说是"完成了一次运动"。科学上所说的"运动"比我们平时说的打羽毛球、踢足球这些"运动"的范围更广，关键在于"位置"。位置发生改变，就意味着产生了运动！

这是运动！

5秒钟后

和5秒钟前的位置不一样了！

这不是运动！

5秒钟后

和5秒钟前的位置一模一样！

物体的运动是指物体在空间中的相对位置随着时间而发生变化。物体之间的位置关系可以利用方向和距离来描述。在物体的运动中，"参照物"十分重要。因为在判断物体是否运动时，参照物不同结果可能也不同！就像坐在疾驰的车里时，乘客感觉到的并不是车的移动，而是窗外风景的移动！

怎样描述物体的运动

萌米骑自行车去学校了。该怎么来描述这辆自行车的运动呢？

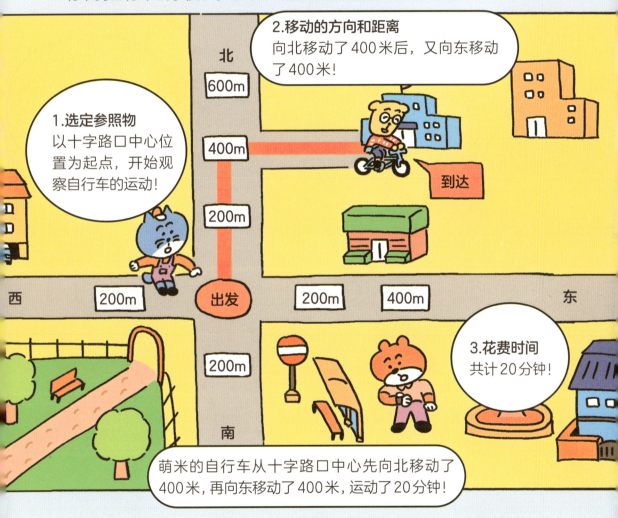

2.移动的方向和距离
向北移动了400米后，又向东移动了400米！

1.选定参照物
以十字路口中心位置为起点，开始观察自行车的运动！

到达

北
600m
400m
200m
出发
西   200m   200m   400m   东

3.花费时间
共计20分钟！

200m

南

萌米的自行车从十字路口中心先向北移动了400米，再向东移动了400米，运动了20分钟！

动感单车在原地骑行也可以算"运动"吗？

前面我们说过，在判断物体是否运动时，最重要的就是参照物对吧？由于骑动感单车的人本身没有发生位置上的改变，所以我们视其为没有运动。这样判断时的参照物是动感单车车轮的位置。但在踩脚蹬的时候，车轮自身会转圈，相当于车轮内部的位置也在发生变化，所以我们可以说原地骑行也算运动。只要知道车轮的周长和车轮转动的圈数就可以知道运动的距离了。

赛跑运动员和游泳运动员谁的速度更快？

世界上最强的赛跑运动员和游泳运动员都认为自己的速度才是最快的。假设赛跑运动员跑 100 米需要 10 秒钟，游泳运动员游 400 米需要 3 分 40 秒的话，他们俩的速度谁更快呢？

找到最快的运动员！

赛跑运动员跑 100 米需要 10 秒，游泳运动员游 400 米需要 3 分 40 秒……什么嘛，运动距离都不一样嘛。该怎么算出谁更快呢？

10 秒

3 分 40 秒

分别算出他们俩每秒钟的运动距离不就行啦！用总距离除以时间就可以算出来了！

唔！

赛跑运动员每秒钟可以跑 10 米！

喂，这也太简单了吧。那游泳运动员的速度怎么算呢？

1 分钟等于 60 秒，所以 3 分 40 秒就是 220 秒对吧？用 400 除以 220 的话……每秒钟大约可以游 1.8 米！

我懂了！每秒内赛跑运动员比游泳运动员多移动约 8.2 米的距离。所以赛跑运动员的速度更快！

速度用来表示一定时间内物体运动的快慢和方向。速度的单位由 m（米）、km（千米）等长度单位和 s（秒）、h（小时）等时间单位结合起来表示。比如 m/s（米每秒）和 km/h（千米每小时）等。

速度=距离÷时间

跑步或骑自行车的速度通常用 m/s 来表示，汽车或飞机这样远距离移动的物体，速度通常用 km/h 来表示。

18m/s
每秒骑18米的自行车

800km/h
每小时飞行800千米的飞机

5m/s
每秒跑5米的人

100km/h
每小时行驶100千米的汽车

1cm/s
每秒爬行1厘米的蚂蚁

🐱 地球移动的速度比声音还快

我们脚下的地球以比声音更快的速度每天自转一周。地球自转时在赤道处的速度高达约1667km/h。也许你会想，这么快的速度我们怎么不会晕呢？这是因为我们是和地球一起移动的，所以感觉不到它的"自转"。（参见第102页）

闪电为什么总是 Z 字形的？

闪电易发生在浓厚的积雨云中。当云层下方的暖空气遇到上方的冷空气时，云层中就会产生电荷。当电荷聚集到一定数量向地面延伸时，就会形成闪电。闪电受到空气的阻碍，并不能非常顺利通畅地直达地面，最后通常会以 Z 字形的线路避开阻碍移动下来。虽然闪电划破天际的景象十分壮观，但人们有触电的风险，所以千万要小心！

电是一种可以给我们的生活带来便利的能源。多亏有电，我们才能用上电视机、电冰箱和洗衣机等家用电器。但人们主要是利用煤炭或石油等资源来发电的，这会导致地球资源的减少，引发全球变暖等环境问题。电器使用不当时人会有触电风险，这甚至会引起火灾。所以，我们一定要珍惜和节约电力资源。

静止的电——静电

冬天脱掉毛衣时噼里啪啦的声响，梳头时随着梳子乱糟糟飘起的头发，这都属于**静电**现象。由于静电是两个物体摩擦产生的，所以又叫作"**摩擦起电**"。

流动的电——电流

借助电流，我们才能使用电器！

水也可以导电！

水具有导电性。人体内约70%都是水，所以用湿手触摸电器时有触电的风险。触电还可能导致烧伤，所以使用电器时千万要小心！

电线杆已经不太常见了，现在是如何供电的呢？

电是通过挂在电线杆上的电缆传输的，但现在的街道上似乎不太常看得到电线杆了吧？因为现在的电缆通常是埋在地下的。把电线杆立在地面，再挂上电缆的方法暗藏触电的隐患，看起来也乱糟糟的不太美观。而把电缆埋到地下可以避免这些问题。

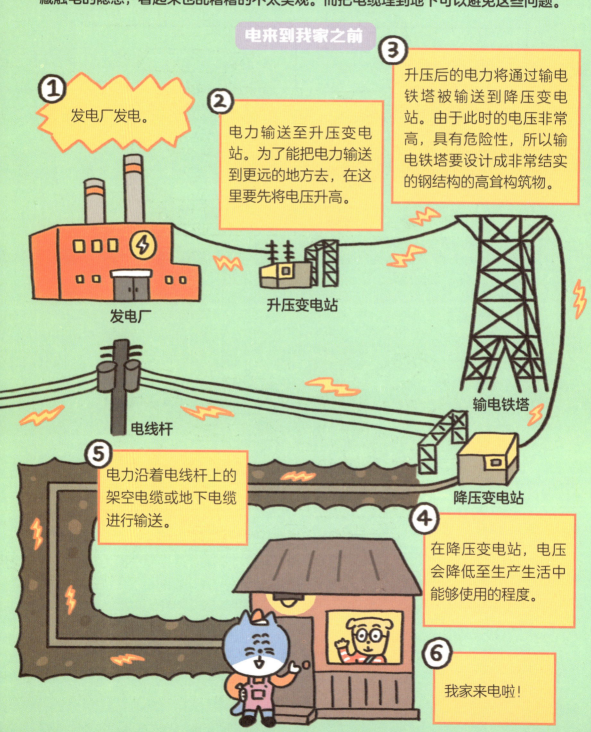

电来到我家之前

① 发电厂发电。

② 电力输送至升压变电站。为了能把电力输送到更远的地方去，在这里要先将电压升高。

③ 升压后的电力将通过输电铁塔被输送到降压变电站。由于此时的电压非常高，具有危险性，所以输电铁塔要设计成非常结实的钢结构的高耸构筑物。

发电厂

升压变电站

输电铁塔

电线杆

⑤ 电力沿着电线杆上的架空电缆或地下电缆进行输送。

降压变电站

④ 在降压变电站，电压会降低至生产生活中能够使用的程度。

⑥ 我家来电啦！

电流是指电荷的定向流动。电流流过的回路叫作"电路"，电源、导线、电器和开关就可以组成一个最简单的电路。简单来说，电流就是电通过的路径。电流在通过的同时，会以点亮电灯（光）、加热电暖气（热），或是使发动机转动（运动）等多种形式提供能量。

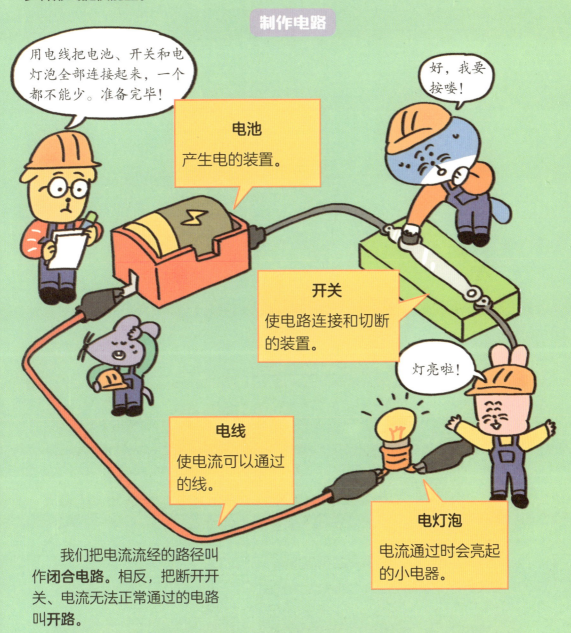

我们把电流流经的路径叫作**闭合电路**。相反，把断开开关、电流无法正常通过的电路叫**开路**。

🐭 **有没有自动切断电流的装置？**

电流过大会有引发火灾的风险。为了阻止危险的发生，我们发明了可以自动切断电流的装置，这正是"空气开关"。在炎热的夏天，正吹着空调时突然停电的情况或许你也经历过吧？这就是因为电路中的电流过大，超过了额定电流，空气开关自动断开了。

闪电时为什么躲在车里是安全的？

闪电的时候比起待在室外，躲进车里才是最安全的。如果车被闪电击中的话，电流会流经车的表面，通过轮胎导向地下。因为车身表面是用具有导电性的金属制成的，所以躲在车里的人是非常安全的，不会受到闪电的袭击！

导体是指易于传导电流的物质，**绝缘体**是指不善于传导电流的物质。传导电流的意思就是电流可以通过该物质传导。铁、银、铜、铝等大部分金属都是导体。木头、橡胶、玻璃等都是绝缘体。我们使用的电子设备大多是导体和绝缘体结合在一起做成的。举例来说，电线是在铜丝（导体）外面包上塑料或橡胶（绝缘体）做成的。如果铜丝暴露出来的话，用手触摸可能会导致触电。

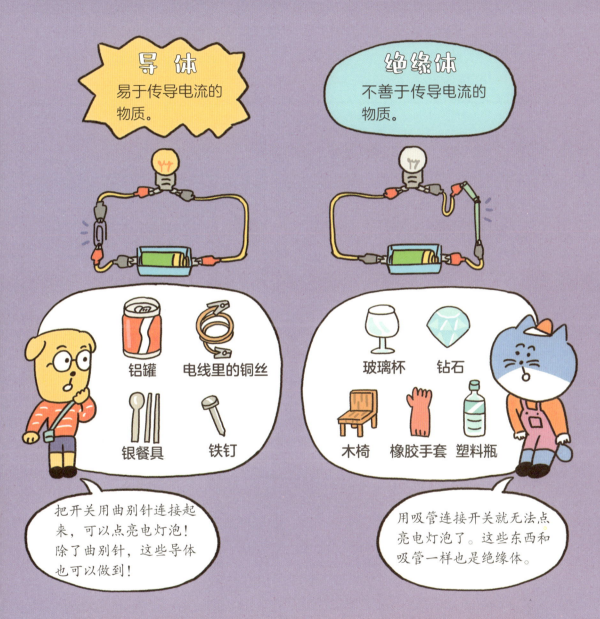

导 体
易于传导电流的物质。

铝罐　电线里的铜丝

银餐具　铁钉

把开关用曲别针连接起来，可以点亮电灯泡！除了曲别针，这些导体也可以做到！

绝缘体
不善于传导电流的物质。

玻璃杯　钻石

木椅　橡胶手套　塑料瓶

用吸管连接开关就无法点亮电灯泡了。这些东西和吸管一样也是绝缘体。

电流既能通过，又不能通过的"半导体"

有一种物质在常温下不易导电，但当条件发生改变，如温度变化时，又会变得易于导电。这种物质就是生产电脑或智能手机时所必需的半导体。有些半导体在低温中不易导电，但温度升高后易于导电。

串联和并联

遥控器里只放一节电池可以用吗？

不行！用不了的。因为遥控器的电路是串联的，所以如果缺少一节电池的话，电流就无法正常通过了。假设遥控器的电路是并联的话，电流就能正常通过了，遥控器也能够使用了。你也许会说，遥控器内电池放置的样子看起来像是并联的啊？为什么会产生这种错觉呢，仔细观察一下就会知道了！

串联是指在电路中将电池或电灯泡等元件逐个顺次首尾相连成一条通路。**并联**是指把电池或电灯泡等元件首对首、尾对尾地并排连接成好几条通路。

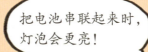
把电池串联起来时，灯泡会更亮！

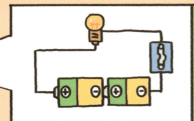

电池的串联
　　电池个数越多，电流就越多。如果少一个电池，电流就无法正常通过。

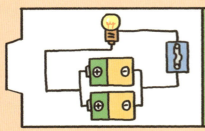

电池的并联
　　与电池个数无关，并联的电流仅相当于一节电池的电压。比起串联的电池，并联的电池能够使用更长的时间。此外，即使缺少一节电池，电流也可以通过。

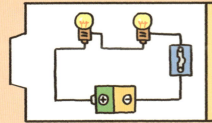

电灯泡的串联
　　灯泡的亮度会比并联时更暗。只要一个灯泡亮起来，另一个也会亮起来。

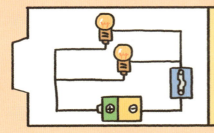

电灯泡的并联
　　灯泡的亮度比串联时更亮。即使一个灯泡灭了，另一个也会继续亮着。

灯泡并联时更亮！

 电鳗不会电到自己的秘诀
　　滋啦滋啦！电鳗能够给天敌放电，却不会电到自己。原因就是它体内的放电器官是并联结构的。电鳗体内的重要器官都被绝缘体构造包裹住了，放电时电流通过水传递，并非通过自己的身体传递，所以电鳗才不会电到自己。

电磁铁　真的有能飞上天的滑板吗？

　　科幻电影中出现的飞行滑板在现实中是存在的！它就是"悬浮滑板"，是科学家用超导体制作出来的。超导体是一种完全排斥磁性的材料，在地板上铺设能够产生强大磁场的永磁体轨道，悬浮滑板就能沿着轨道悬浮起来。目前这种悬浮滑板在我们身边还不常见，但未来总有一天会普及到日常生活中的吧？

电磁铁是通电产生电磁的装置，是在铁芯外一圈一圈地缠绕漆包线制成的。

电磁铁的性质

对比项	磁铁	电磁铁
共同点	都具有吸引铁制品的属性，都具有N极和S极	
区别	无论何时都能吸引铁制品	只有通电时才具有磁铁的属性
	常温下磁力不变	磁力根据电流的强度变化
	磁极不变	改变电流方向后，磁极也会改变

在垃圾场里使用电磁铁？

垃圾场里集合了纸、布料、木头和金属等不同种类的垃圾。为了回收再利用，必须进行垃圾分类。这时，可以利用电磁铁对铁制废品进行分类。给电磁铁通上电，把铁制废品吸出来之后，再集中到别的地方就可以了。

有能发电的自行车吗?

　　有啊!只要奋力地踩自行车的脚踏板就能发电了,这是利用了动能可以转化为电能的原理。脚踏板转动时,车轮也会跟着转动。这样,连接到车轮上的发电机也会跟着一起转,从而产生电能。

我们的步伐可以变成能量吗?

　　英国一家企业发明了一个特殊的发电系统,那就是在人流量大的地方设置按钮式的踏板。这种按钮式踏板可以在人踩过上面的同时,把脚踩上去的压力转化成电能。据说每踩一脚可以产生能够使电灯泡亮30秒的电能。这是一个把动能转化为电能的发明!

能量转化是指能量的形式变化。利用能量转化，可以获得我们需要的能量形式。比如说，太阳能电池可以把光能转化成电能，电梯则通过把电能转化成动能，载着我们上上下下。

利用能量转化获得所需要的能量……

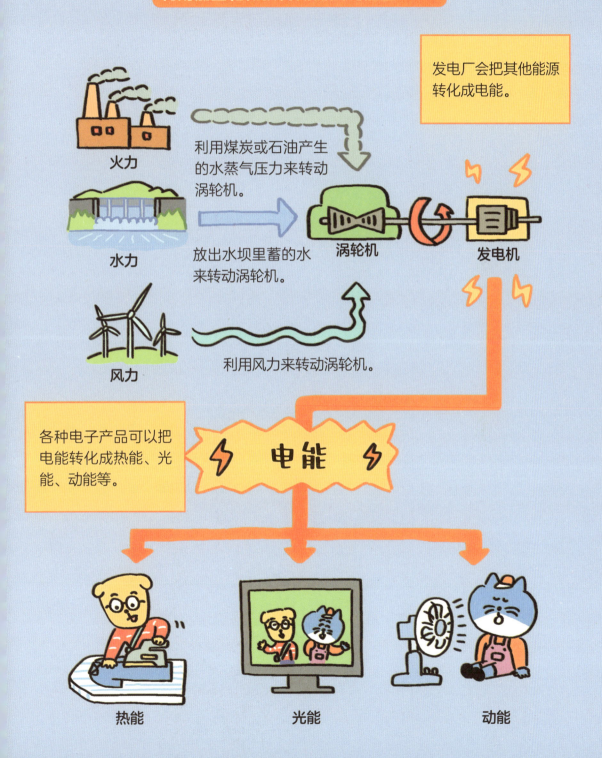

发电厂会把其他能源转化成电能。

火力

利用煤炭或石油产生的水蒸气压力来转动涡轮机。

水力

放出水坝里蓄的水来转动涡轮机。

涡轮机

发电机

风力

利用风力来转动涡轮机。

各种电子产品可以把电能转化成热能、光能、动能等。

电能

热能

光能

动能

02
地球

仔细观察一下我们生活的地球吧。从火山、天气等地球表面发生的现象，到包括太阳、行星等在内的地球周围的万事万物。

地球　我们为什么生活在地球上呢？

　　因为地球上有空气和水，可以使生命体在这里生存。此外，地球跟太阳的距离不近也不远，所以能够维持既不过热又不过冷的适宜温度。

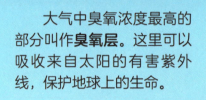

　　大气中臭氧浓度最高的部分叫作**臭氧层**。这里可以吸收来自太阳的有害紫外线，保护地球上的生命。

臭氧层

　　地球周围的空气称为大气。大气中有氧气，可供生物呼吸。此外，大气可以使地球维持在一定的温度。

大气呀，谢谢你让我们能够畅快地呼吸！

地球上有水可真是太棒了啊。你说对吗，小海豚？

　　地球上的水有河流、湖泊这样的陆地淡水，还有咸咸的海水等。水是生物赖以生存的源泉。

地球是我们赖以生存的行星的名字。地球像球一样圆圆的，但不是正球体，球形略扁，平均半径大约是 6367 千米。地球是太阳系八大行星中的第三大行星，距离太阳较近。地球被大气层包围，表面有山川、田野、江河、湖海等不同的景观。

地球表面的 70% 都是大海，剩下的部分就是坚实的陆地。地球之所以看起来是蓝色的，都是因为蓝色大海覆盖的缘故。

地球上最深的地方在位于太平洋的马里亚纳海沟，最深处约11034米。

地球上最高的地方为珠穆朗玛峰，海拔高度为8848.86米。

蓝色的部分真的很多啊！

很久以前的地球是一片火海？

地球形成于约46亿年前，那时的地球到处是滚烫的岩浆（熔融的岩石）。由于没有大气的保护，所以地球经常与来自宇宙的陨石和小行星发生碰撞。随着时间的流逝，地球周围产生了大气。大气中的水蒸气变成了雨，使炽热的大地逐渐冷却和凝固，使凹陷的地方出现了大海。

土壤 花园里的土壤为什么没有黏土那么黏糊？

花园里的土比黏土的颗粒大，颗粒之间存不住水。因为排水性好，所以不容易塑形。像黏土那样颗粒小的土能够很好地锁住水分，自然也就很容易黏成团。

花园土和黏土哪个更适合植物生长？

一个月后……

土壤是地球表面的一层疏松的物质，是岩石、石块、动植物遗体等在漫长时间内腐解形成的。就像用力按压方糖或饼干，会使其变成粉末那样，巨大岩石变成土壤的过程叫作"风化"，这个过程要经历数万年到数百万年之久。

岩石和石块是如何分解的？

昼夜温差会使岩石和石块经历膨胀和收缩。如此反复，岩石和石块会开裂。

岩石的缝隙中结冰，会使缝隙加宽。随着冰融化，岩石也会进一步裂开。

岩石和石块经历风吹雨打，进一步碎裂。

植物在石缝中生根，加剧了石块的分解。

🐾 土壤里生活着数万亿只生物

　　土壤中生活着数不清的生物。有老鼠、田鼠这样稍大一些的动物，也有知了、幼虫或蚯蚓这样较小的动物。此外，还有数万亿我们肉眼看不见的微生物。微生物生活在土壤里面，可以分解动植物的遗体，使其成为土壤的养料。

海岸的白沙滩为什么会逐渐消失？

在韩国东海岸线上分布着的美丽白沙滩正在一点点消失，沙滩正在被海浪侵蚀得越来越严重。为什么会这样呢？专家们给出了两个原因：一个是防波堤或沿海公路等人工构筑物的修建改变了海流的方向；另一个是全球变暖导致的海平面升高。

侵蚀作用是指风力、流水等自然界外力在漫长的时间里改变岩石及其风化物的过程。或许你也见过下雨时被雨打得坑坑洼洼的地面吧？同样的道理，雨水、江水、地下水、海水、冰河和风长期侵蚀岩石、石块和土壤，就会使地面的样子发生变化。

侵蚀作用造成的地貌

水在长时间的流动中持续侵蚀岩石。水的力量真的很强大！

江

江的上游通常位于山顶，坡度很大。湍急的水流将河床冲刷成幽深狭窄的峡谷。

水能凿穿洞穴？原来这就是传说中的水滴石穿啊。

海

大海中的波浪也有侵蚀作用。海浪不仅能塑造出曲径幽洞，还能冲刷出陡崖绝壁。

风造就的沙漠绿洲

沙漠绿洲是指沙漠中有水源的地方。风使地面上的沙子产生了凹陷，露出了地下水。这就是风力侵蚀的作用！有绿洲的地方人们可以获得水，人们在此从事农业生产，逐渐形成了村庄。

海岸边为什么有很多滩涂？

韩国 83% 的滩涂都集中在西海岸。滩涂指的是涨潮时被海水淹没、退潮时重新露出来的地带。西海岸是韩国国内高潮位与低潮位高度差异最大的地方。由于海水较为平浅，所以退潮后海水带来的细沙土就会露出来。再加上很多河流与大海相连通，一些泥土和腐烂的生物也会被河水带来。

沉积作用是指被风、水流或冰河等搬运到适宜场所的石块或泥土，在该地沉淀、堆积的过程。换句话说，就是将侵蚀作用分解下来的石块或泥土搬运到别的地方。比如，水从山顶流下来，到达地势平缓处，一同携带下来的石块或泥土就在这里沉淀和堆积。

沉积作用造成的地貌

江

江的下游比上游开阔，水流缓慢，适合石块或泥土沉积。图中是韩国洛东江下游因沉积作用产生的三角洲。

海

海边分布着海浪卷来的粗沙和细沙。离海边远一些的地方积聚着较大颗粒的粗沙，近一些的地方则是细软的沙滩。

沙丘不只存在于沙漠中

海边也能见到沙丘，这叫作"海岸沙丘"。通过海水运来的沙子随风被搬运到陆地一侧，形成低矮的沙丘。

听说珠穆朗玛峰越来越高了？

是真的！山也跟小朋友一样会长个子的。世界最高的珠穆朗玛峰高达8848.86米，目前正在以每年1厘米左右的速度增高。原因是形成珠穆朗玛峰的地层因受力而上升。这种岩层变形的现象叫作"褶皱"，由于褶皱形成的山脉就叫作"褶皱山"。珠穆朗玛峰所在的喜马拉雅山脉就是褶皱山。

试着把橡皮泥一层一层地叠起来，然后从两边向中间推。此时橡皮泥中间的部分会向上凸起。同理，褶皱山是经过漫长的时间一点一点突起的。

哇哦~

实验！制作褶皱山

1.把橡皮泥整整齐齐地堆叠起来。

2.叠好以后从上往下压紧。

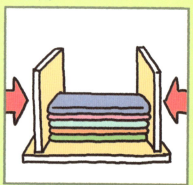

3.从左右两侧向里推挤。

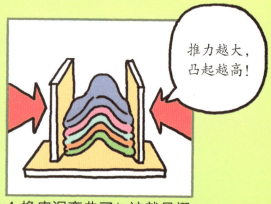

推力越大，凸起越高！

4.橡皮泥弯曲了！这就是褶皱山形成的原理。

水平地层   弯曲的地层（褶皱）   断裂的地层（断层）

地层是漫长时间内许多种类的土堆积在一起，逐渐固化形成的。就像彩虹蛋糕那样，每一层都有各自的花纹。每一层的颜色和花纹都有些区别，这是由土的颜色和种类决定的。越靠下的地层越古老，越靠上的地层越新。

看地层就能知道历史！

　　由于地层是从很久很久之前开始层层沉积而形成的，所以对每一层进行分析，就可以知道在过去某个时间段这个地方是什么样的环境，发生过什么样的事情。比如说曾经被小行星撞击过的地区，在如今的地球上很难发现痕迹，但小行星的成分会残留在地层中。

煤就是死去的植物？

煤是由数亿年前生存在沼泽地带的植物形成的。植物遗骸被埋在地下，被堆积在上面的各种沉积物挤压，经过复杂的变化后形成煤。植物死亡之后原本会腐烂消失，但如果被埋在地下的话，不与空气接触就不会完全腐烂。植物遗骸受到热和压力的影响，流失掉水分和气体，只留下碳的成分，最后变成煤。

沉积岩

煤层

啊，简直无法想象啊！

如果植物遗骸不被沉积物挤压的话，可能就无法变成煤了。

沉积岩是沉积物在漫长时间里层层堆积后固结而成的岩石。沉积物是由岩石碎屑或生物遗骸等被水、风等搬运并堆积而成的。沉积岩的类型有碎石形成的"砾岩"，砂粒形成的"砂岩"，黏土形成的"泥岩"或"页岩"等。海洋里的珊瑚、鱼、贝类等生物遗体中的骨头或外壳中的碳酸钙经过化学沉淀后会形成"石灰岩"。

沉积岩是如何形成的?

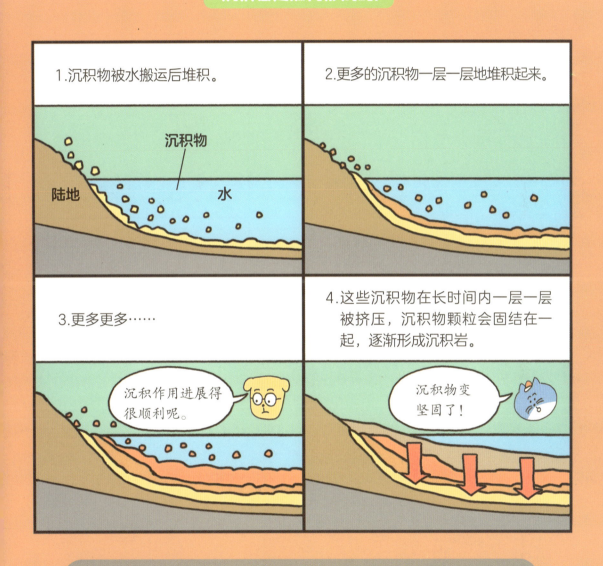

火山爆发也会形成沉积岩

火山爆发不仅会喷出岩浆，还会喷出火山灰、火山尘和火山弹。火山灰和火山尘是细小的火山碎屑物，火山弹是凝固的熔岩团块。火山灰被喷撒到空气中，又落回地面上堆积起来，这会形成一种沉积岩，叫作"凝灰岩"。

在山顶上为什么会发现化石？

很久很久以前曾位于海底的陆地，在地壳运动的影响下受到挤压而猛烈抬升就会变成山脉，所以才会在山顶端发现贝类化石。拥有世界最高峰的喜马拉雅山脉就是这样。人们在喜马拉雅山山脉的顶端发现了大量非常古老的海洋生物鹦鹉螺的化石。同样地，在水中也有可能发现树叶化石，这说明那里曾经是山地。

鹦鹉螺化石

这是很久很久以前生活在海里的生物，名字叫鹦鹉螺。

呃，它为什么会出现在山顶啊？难道说这里以前是大海？

没错，不仅在这里，在阿尔卑斯山脉的山顶也发现过贝壳和鱼类等很多海洋生物的化石呢！

化石是保存着古生物遗体的石头，通常存在于沉积岩中。曾经称霸地球的恐龙也以化石的形式向世人露出了庐山真面目。能够成为化石的动植物，自身要具有较多坚固的部位，并且要在死后较快地被埋进土里才行。地震或火山活动越少的地方，越容易形成化石。

化石是如何形成的？

1.动物死亡。

2.动物遗体被推进湖底或海底。

可以清晰地看到骨头！

4.剖开沉积岩，化石就会显露出来。

3.沉积物层层堆积在动物遗体上形成沉积岩。经过漫长的时间，受地壳运动的影响，岩层上升。

利用化石可以复活恐龙吗？

在电影《侏罗纪公园》中，专家从化石中蚊子的血液里提取了恐龙的DNA（脱氧核糖核酸），并最终成功地"制造"出了恐龙。这在现实中可能吗？很遗憾地告诉大家，通过化石复活恐龙是不可能的。因为坚硬的化石中不可能存在蚊子的尸体。

如果长白山火山爆发的话会怎么样？

科学家预测，如果长白山火山爆发，不仅是长白山一带，就连日本和韩国也会受到影响。比火山爆发更可怕的是，位于山顶的长白山天池中有着约 20 亿吨的水。如果长白山火山爆发，将会有超过 1000℃的岩浆喷发出来，与天池的水混在一起。那么，岩浆将迅速冷却，变成碎块或火山灰。巨量的火山灰随风被吹走，那时不仅是中国，就连日本、韩国和俄罗斯都会受到影响。

如果火山爆发，爆发地附近将在熔岩和火山灰的覆盖下成为一片废墟。火山灰喷出时遮天蔽日，可令飞机无法通行，也会使吸入火山灰的人患上呼吸疾病。

你是不是开始担心长白山火山会不会爆发了？很多科学家都在研究和推测火山爆发的时间呢，不用太担心啦！

火山是地下岩浆冲出地壳的裂缝后堆积形成的山体。韩国的郁陵岛和位于济州岛的汉拿山都是由于火山爆发而形成的。火山爆发时会喷出液体、气体和固体。这些叫作"火山喷发物"。

火山喷发物里都有什么？

火山气体大部分都是水蒸气，此外还有二氧化碳和氮气等其他气体。

火山弹是熔岩凝固形成的石块。

熔岩指的是喷出地表的岩浆。是岩浆中的气体流失后的产物。

岩浆是地下深处熔化的岩石。

地壳

火山灰是像灰尘一样小的熔岩碎屑。

 有火山的地方就有很多温泉
　　温泉是地下水被地下热源加热后形成的泉水。火山附近岩浆的温度很高，能够产生很多温泉。温泉水中含有钙、钠等矿物质，对健康十分有益。所以，温泉是人们放松休闲的人气场所之一。

为什么济州岛的石头看起来像海绵？

唔……济州岛的石头虽然不像海绵那样软软的，但和海绵一样有很多小洞！这种黑色的石头叫作玄武岩。玄武岩是火山爆发时的熔岩凝固后形成的。当熔岩里的气体迅速向外排出时，就会出现很多小洞。玄武岩的外形很漂亮，质地很坚固。所以，自古以来济州岛的人们都喜欢用玄武岩制作石头爷爷或石墙。

济州岛的象征——"石头爷爷"就是用玄武岩制成的！

漂亮的石墙也是用玄武岩建造的！

形成海边峭壁的岩石也是玄武岩！这就是被指定为天然纪念物的"济州岛柱状节理带"。

像蜂窝一样的六角形柱子？好神奇啊！

岩浆岩是岩浆或熔岩凝固后形成的岩石，是由于火山活动产生的岩石。受岩浆或熔岩凝固速度的影响，不同岩浆岩的特征是不一样的。

对比项	花岗岩	玄武岩
外观		
形成过程	地下岩浆慢慢凝固形成	熔岩冲出地表后快速冷却凝固形成
颜色	亮	暗
触感	有粗糙的部分，也有光滑的部分	粗糙
颗粒大小	形成花岗岩的颗粒较大	形成玄武岩的颗粒较小
特征	大多数花岗岩表面光泽明亮，上面可以看到黑色的闪闪发亮的矿物颗粒。	有些玄武岩表面有大小不一的洞，也有些玄武岩表面没有洞。

柱状节理为什么呈六角柱状？

柱状节理是冲出地表的熔岩迅速冷却时形成的玄武岩。熔岩在冷却的过程中逐渐收缩，会出现Y字形的裂缝，裂缝裂开就形成了六角柱状。因为Y字形裂缝衔接在一起就会呈现六角柱状。柱状节理不仅有六角柱状，还有四角柱状和五角柱状等形式。

地震无法提前预知吗？

非常遗憾地告诉你，目前的科学技术还无法准确地预知地震。通过测定地下深处发生的各种变化来预测地震是非常困难的。虽然科学家长久以来一直致力于解决这个问题，但至今依然无解，快速应对地震的唯一方法就是迅速响应。不过，目前研究出了一些方法，可以在几秒内触发地震警报。

地震预警系统

原理：地震发生时会出现P波和S波。与能引起地面水平晃动的P波不同，S波能引起地面上下跳动，造成更大的破坏。而且P波比S波的移动速度更快。利用这个原理，我们试图先找出速度更快的P波，以防止重大损害。

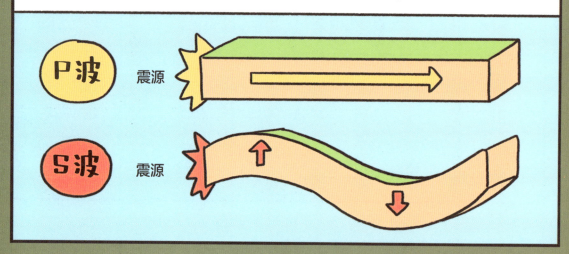

1.每间隔约10千米设置一台地震仪来观测P波。如果感知到P波的话，地震仪会立刻向控制中心发出警报。

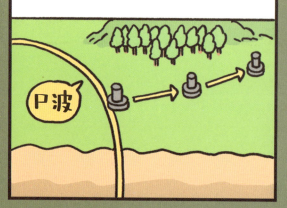

2.相关政府部门将地震已经发生的消息通报全国。争取最大限度地应对紧接着到来的S波。

地震是地壳岩层受到来自地球内部力量的影响，引起地表振动或破裂的现象。火山喷发、陨石坠落或山体滑坡等也有可能引发地震。

呃啊，冷静！等晃动停止下来，你们就可以继续待在树上了，稍等啊……

震中
震源正上方的地表区域。发生地震时，震中的晃动最为剧烈。

震动以震中为中心扩散。

震源
最初引起振动的地方。

 史无前例的大地震发生在何时？

地震观测史上最强烈的一场地震是1960年发生的智利大地震。这场地震引发的海啸严重冲击了智利海岸，曾掀起高达25米的巨浪。那是一场震级为9.5级的大地震。震级指的是地震的大小，数字越大，地震强度越大。

雨水真的能制造出来吗？

为了解决日益严重的雾霾问题，科学家正在做有关人工制造雨水的实验，即"人工降雨"实验！所谓人工降雨，可不是从其他地方运些水来喷洒一下哦。想想看，云朵里面不是聚集着很多水蒸气吗？人工降雨就相当于把水从云里面挤出来。

怎样实现人工降雨？

1. 利用飞机或火箭往云中播撒人工冰核。人工冰核是干冰、碘化银等化学物质。

那个真的能变成雨吗？

2. 小水滴会附着在人工冰核上，人工冰核会渐渐变大变重。

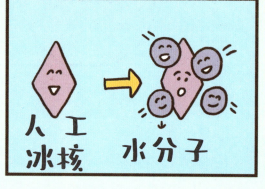

人工冰核 ➡ 水分子

3. 变重的大水滴会变成雨降下来！

通过这样的方式降雨是好事吗？

雨滴

但这种技术对我们来说未必是一件好事。通过技术手段使还没有自然积聚到足够雨量的云在一个地方形成降雨的话，那么另一个地方就很可能会被干旱困扰。往云中播撒化学物质也会对地球造成一定的污染。

水循环指水在自然界中周而复始的循环过程。虽然水以不同形态处于不断的往复循环中，但水的总量是不变的。

水循环的过程

陆地和海洋中蒸发的水蒸气凝结成云。

降水以雨雪等形式再次回到陆地和海洋。

原来水通过水蒸气也能循环啊！

水也可以像雪那样，以冰的形式循环！

江河中汇聚的水也会流向大海。

在地球水之中，我们能用淡水的只有……

　　能用的淡水只有0.0075%！地球上的水有97%左右都是海水。因为海水中含有大量盐分，所以不适合人类饮用。而除了海水以外，剩余的水大部分是冰川或地下水，取用起来十分困难。

天气预报为什么不准？

　　因为天气是由温度、湿度、气压和风力等多重因素综合在一起形成的，非常复杂。即使是非常小的变化，也能对天气造成很大的影响。韩国三面环海，受海洋的影响很大。此外，还受到近年来北极气温升高等全球性气候变化的影响。所以，天气预报很难做到百分之百准确，会存在一定的误差。

天气是指一天中的大气状况，例如晴天或雨天，炎热或寒冷。天气和我们的生活息息相关，晴朗的日子适合外出，寒冷的时候要加衣服。我们可以通过气温、云量、风速和降水量等气象要素了解天气。

气象要素

气温
即空气的温度。通过气温可以判断冷热程度。

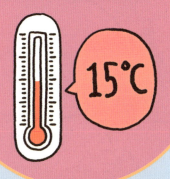

云量
云多时为阴天，无云时为晴朗。

风速
风就是空气的流动。风速越大，风力等级越高，代表风的强度越大。

降水量
雨、雪、冰雹、露、霜、雾等降落到地面上的所有水的总量。

传递气象信息的人造卫星
天气预报正在变得越来越准确，因为气象卫星可以在3.6万千米的高空中实时观测气象状况。通过这些气象卫星，不仅可以观测到夏季台风的移动，还能够观测到雾霾。

干燥剂怎么那么能吸水啊?

　　夏天放在衣橱或鞋柜里的干燥剂,放进去的时候是颗粒状的,但过一段时间后就会变得鼓鼓的对吧? 这是因为干燥剂中含有一种可以吸水的特殊化学物质,它就是"氯化钙"! 氯化钙可以吸收水蒸气! 所以,它可以使衣橱里面的衣服保持干燥。像这样可以吸水的物质,除了氯化钙之外还有很多。

衣橱干燥剂里的氯化钙可以吸收和自身一样重的水分!

呜,晃一下会沙沙响! 这里面装着的透明颗粒是什么呀?

　　调味海苔里面装着的袋装透明颗粒就是一种叫作硅酸干凝胶的干燥剂。这种物质具有吸水效果,可以使海苔保持干燥。

受了潮的报纸皱巴巴的。

生活中也有很多物质具有吸水作用。比如木炭和报纸!

湿度指的是空气中水蒸气的含量。水蒸气含量大就叫作"湿度高"，反之就叫作"湿度低"。就像温度计可以测量温度那样，湿度计可以测量湿度。湿度通常用百分比来表示，数字越大，说明空气中水蒸气的含量越高。日常生活中适宜的湿度范围是 30%~60%。

湿度高时

湿度低时

为什么夏天潮湿、冬天干燥？

韩国夏天湿度高，冬天湿度低。这是因为在不同季节带来影响的气团不同。夏季受到来自东南方的气团即北太平洋气团的影响，天气高温潮湿。冬季则受到来自东北方的气团即西伯利亚气团的影响，天气寒冷干燥。

太阳出来后雾就消失了？

　　是的，夜晚时笼罩大地的浓雾，在太阳升起后会悄然消散。雾是在夜晚气温降低时，空气中的水蒸气遇冷凝结成小水滴后悬浮在空中形成的。当太阳升起时，随着气温升高，小水滴会再次变成水蒸气四散到空气中，无法被肉眼看到。但只有陆地上的雾才是这样的。海上的雾由于一直有大量的水分供给，所以可以持续一整天。

露和雾都是空气中的水蒸气在变成小水滴的过程中产生的。水蒸气遇冷变成小水滴的现象叫作"凝结"。露是水蒸气在夜晚降温变凉的草叶表面凝结成的液态水，雾是夜晚地面附近的空气变冷时，水蒸气遇冷凝结后悬浮在空气中的小水滴。云也是空气中的水蒸气凝结产生的。而霜则是水蒸气遇冷后冻结形成的。像这样从气体直接变成固体的现象叫作"凝华"。

露
物体表面凝结的小水滴

雾
悬浮在地面附近的空气中

凝结
凝结

空气中的
水蒸气

凝华
凝结

霜
在物体表面冻结

云
悬浮在高空中

霜做成的冰花

晚秋或初冬时节爬到山上时，我们会发现明明没有下雪，树上却绽开了很多像雪一样的冰花。这种冰花叫作"雾凇"。雾凇在气温零摄氏度以下且湿度较高时才会出现。

云的颜色为什么不一样？

雪白的云、灰色的云、乌黑的云、彩色的云……云的颜色根据厚度有所不同。由小水滴组成的薄薄的云彩会使光线向四面八方传播，这种现象就叫作"散射"。如此一来，我们肉眼看到的云就是白色的了。反之，如果是大水滴形成的较厚云层，则会吸收光线，看起来乌黑乌黑的，就像光线无法通过的影子一样。

按颜色、外观、高度看云！

卷云

卷层云

积雨云

卷积云

雨层云和积雨云从下方看是乌黑的，我们的肉眼只能观察到这些乌黑的部分。雨层云和积雨云会带来降雨！

高层云

高积云

雨层云

积云

层云

层积云

天上的云有很多种呢。按照云底的高度，大体可以划分为高云族、中云族和低云族。

雨层云和积雨云的名字起得很好，对吗？一看名字就知道跟下雨有关！

云是大气中的水蒸气、小水滴或小冰晶混合而成的飘浮在空中的聚合物。雪和**雨**是云中的小水滴和小冰晶变重后降落到地面的。气温高时降雨，气温低时则降雪。

云，雪，雨是怎么形成的?

1. 富含水蒸气的空气升到天空中变成云。

2. 云的体积增大，云的上方会出现小冰晶。

3. 云中的小水滴和小冰晶会混合在一起，降落到地面。

气温高时，降下来的是雨!

气温低时，降下来的就是雪!

看云的形状判断天气

卷云多出现在晴转阴的时候。看到卷云时就可以知道"马上就要阴天了!"
卷积云会出现在下雨之前。看到卷积云时，出门不妨准备个雨伞吧? 此外，
看到黑灰色的、厚厚的雨层云，就可以推测即将迎来一场长时间的雨雪天气啦。

高气压和低气压

为什么把心情不好的人叫作"低气压"呢?

　　低气压是天气预报中常出现的术语,指的是某地区的气压低于周边其他地区的气压。低气压地区往往会出现阴雨天气。郁闷的心情就和坏天气一样阴沉沉的,所以才用"低气压"来比喻心情不好的人吧?

气压是空气重量产生的压力。空气重、压力大时叫作**高气压**。空气轻、压力小时就叫作**低气压**。气压分布不均时，空气会从高气压地区向低气压地区流动。像这样由于气压差引起的空气流动就是"风"。

温度降低时，空气遇冷变重会下沉。那么，空气就会变得充足，气压就会升高。

温度升高时，空气受热变轻会上升。那么，空气就会变得稀薄，气压就会降低。

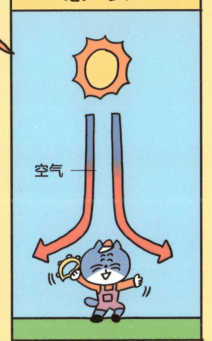

高气压

空气

上方空气下沉的过程中气温升高，小水滴会蒸发，就会出现晴天。

低气压

空气

上升的空气在水蒸气凝结的过程中会形成云，所以低气压地区往往出现阴天或雨雪天气。

 台风的真面目是"热带气旋"

每年夏天都会现身的台风，是来自赤道附近的热带海洋洋面上的低气压向韩国移动的过程中产生的。我们知道，低气压地区的空气是上升的，对吗？台风在经过热带洋面的过程中，会吸收大量的水蒸气而变大变强。加强后的台风会以17米/秒以上的速度迅速前进，并形成狂风暴雨的恶劣天气。

风的名字有很多，它们都是如何命名的呢？

风真的有很多很多名字！我们先来看一下其中最常用的、用方向来命名的风吧？从东边来的叫东风，从西边来的叫西风……这类名字都含有方向。如果你看到表示西风的箭头"→"时认为"哦？箭头指向东边？那就是东风了吧！"的话可就错了。风的名称中如果带有方向，那么这个方向全部指的是"来自哪里"而不是吹向哪里！

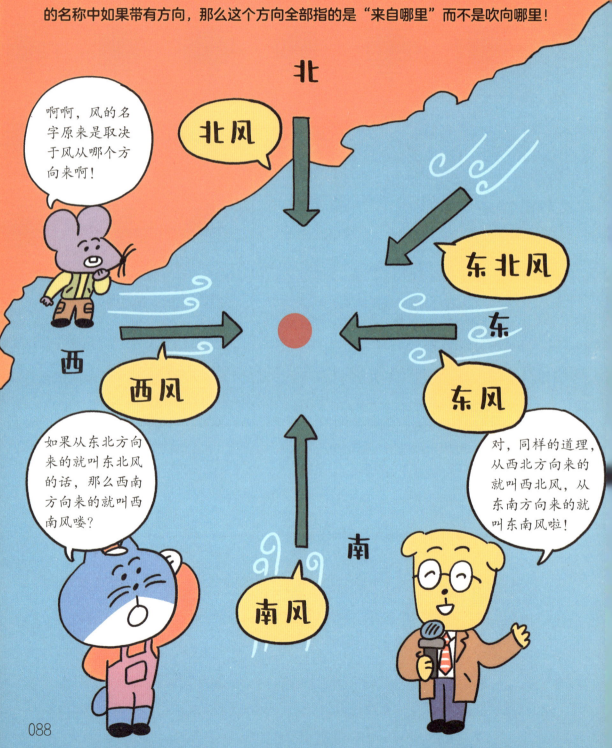

北

啊啊，风的名字原来是取决于风从哪个方向来啊！

北风

东北风

东

西

西风

东风

对，同样的道理，从西北方向来的就叫西北风，从东南方向来的就叫东南风啦！

如果从东北方向来的就叫东北风的话，那么西南方向来的就叫西南风喽？

南风

南

海风是从海洋吹向陆地的风，**陆风**是从陆地吹向海洋的风。海风和陆风的名字也是根据风从哪里吹来而命名的。晴朗的天气里，海边白天和夜晚的风向是不同的。

海边的风是怎么刮的？

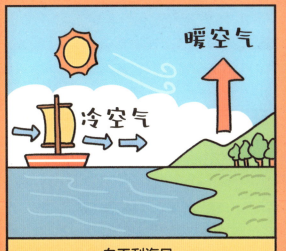

白天刮海风

阳光灿烂的白天，陆地比海洋热得更快。陆地上较轻的空气上升，风会从海洋上刮来。

夜晚刮陆风

太阳西沉后的夜晚，海水比陆地更慢变凉。所以海洋上方温暖的空气会上升，风会从陆地刮来。

唔，白天海洋上是高气压，陆地上是低气压，所以会刮海风，对吗？

哇，看来喵靓是真的懂了呢！没错，就像我们之前讲过的那样，风是从高气压地区往低气压地区刮的！

季节不同，风向也不同

韩国夏季刮东南风，冬季刮西北风。像这样在大陆和海洋之间大范围的、风向随季节规律变化的风叫作"季风"。夏季，气流来自东南方的海洋上，这时空气温暖潮湿。冬季，气流则来自西北大陆，空气会变得寒冷干燥，海陆间热力环流的季节变化是季风形成的主要原因。

听说宇宙像气球一样会膨胀？

如果在气球上画几个点，然后向里面吹气的话，各个点之间的距离会变得越来越远。同理，在宇宙变大的过程中，星星和星星、星系与星系之间的距离也逐渐变得更远。星系是由许多星星组成的，我们生活的星系叫作太阳系。下面我们就通过一个小实验，观察一下正在扩张的宇宙吧？

实验！宇宙膨胀

1.准备好气球和马克笔。

2.用马克笔在气球上任意地方点一些小点。

3.吹气球。

4.观察小点的位置变化。

以这个气球上的其中一个小点为中心，观察其他小点，你会发现什么？

会发现其他小点都在渐渐远离中心点！

那么把这个气球当作宇宙，把这些点当作星系来看呢？

星系与星系之间正在拉开距离！

宇宙是包含这个世界上所有物质、空间和时间的广袤空间。我们生活的地球和太阳系，遥远的银河系、黑洞和无数的星体都处于宇宙之中。那么宇宙是如何形成的呢？关于这个问题有众多的说法，其中被大多数科学家接受的理论就是"大爆炸宇宙论"。大爆炸（Big Bang）用最形象的话来说就是"咣""砰"这样的意思。

约 138 亿年前，在一场规模巨大的爆炸中，宇宙诞生了。

在那短短的一瞬间，宇宙诞生了，尽管当时它只有现在的一半大小。很不可思议吧？

🐱 世界上第一个进入太空的人类

　　世界上第一位宇航员是1961年时苏联空军上尉尤里·加加林。他乘坐东方1号宇宙飞船，历时1小时29分钟成功绕地球飞行一周。在太空中看到地球全貌的加加林说："天空非常幽暗，而地球是蓝色的。"

从月球上看到的地球是什么样子的？

地球是球形的，对吧？但从月球上看的话，地球每天的样子都不同。从像眉毛一样弯弯的，到像球一样变大变圆，如此反复循环地变化。为什么会这样呢？我们想一想在地球上看到的月球是什么样子，就很容易理解这个问题了。月球本身也是球形的吧，但我们看到的月球却有新月、上弦月、下弦月、满月等不同的月相。这是因为地球和月球自身都不是发光体，只有被太阳光照射到的部分才能被我们看到。当太阳和地球、月球的位置发生变化的时候，太阳光照射的区域也会跟着改变。所以，我们看到的月球形状是不断改变的。同理，站在月球上看到的地球形状也是不断改变的。

月球是围绕地球旋转的球形天体，它是地球唯一的天然卫星。"卫星"是指绕着行星转的天体。月球和地球一样是球体，表面布满了大大小小的撞击坑。科学家把月球上的阴暗区叫作"月海"，高耸而明亮的区域叫作"月陆"。但所谓的月海里面实际上是完全没有水的，只是比周围更低的平原。

没有生命体存在，表面呈灰色。

半径约1740千米，大约是地球半径的四分之一。

几乎没有水。

火山活动频繁，加上小行星和陨石的多次撞击，所以表面坑坑洼洼的。

没有大气，不会出现天气现象。白天温度可高达130℃，夜晚温度可低至-170℃。

原来我们并没有生活在月球上，因为月球上是没有生命体的。

月球上的玉兔来自火山！

看到满月，就仿佛看到了在月宫里捣着药钵的玉兔。构成美丽传说中"玉兔"形象的景观，实际上就是颜色阴暗的"月海"。月海由月球火山爆发形成的玄武岩构成，所以看起来颜色深暗。所以，我们可以说月球上的玉兔是来自火山的吧？

往太阳上扔一颗原子弹会怎么样？

　　也许你会想，那样的话我们眼前就会出现超级巨大的火花和无比耀眼的光线吧？但实际上，这么做的结果会像往熊熊山火里扔一根火柴一样，几乎看不出任何变化。因为太阳拥有的巨大能量是原子弹完全无法相比的。

太阳是距离地球约 1.5 亿千米的恒星。太阳为地球上所有生物提供了生存所必需的光、热和能量。如果太阳停止燃烧的话，地球将被寒冷吞噬，不再有生命体存在。

太阳的半径约为70万千米，是地球半径的109倍。

太阳的质量是地球的33万倍。

你说太阳是一大团气体？

与地球不同，太阳自身会发光和发热，是一个巨大而炽热的气体星球。

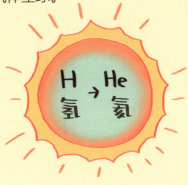

嗯，并且它的表面温度高达约6000℃呢。

太阳通过核聚变把氢转化成氦，来释放光和热。

太阳是永恒的吗？

科学家们预测太阳还将像现在这样持续燃烧约50亿年。但当太阳核中心的半数以上的氢转变成氦的时候，太阳将会进入红巨星阶段。老去的太阳将会在遥远的未来燃烧殆尽，可能成为一颗白矮星。

太阳系 太阳系里有多少颗星星？

　　我们地球所在的太阳系里，只有一颗星星，那就是太阳！虽然我们平时把天上亮晶晶的天体都叫作"星星"，但准确来说，所谓的"星星"是指"自己会发光的天体"。它们叫作"恒星"。以地球为代表的行星自身是不会发光的，只是反射太阳的光而已。

太阳系是指太阳所影响的宇宙空间和位于这个空间内的各个天体。太阳系包括位于中心的太阳，以及环绕在太阳周围的行星、小行星、卫星等。太阳系有八大行星，分别是水星、金星、地球、火星、木星、土星、天王星和海王星。大部分行星周围有卫星环绕。在火星和木星之间有无数小行星。

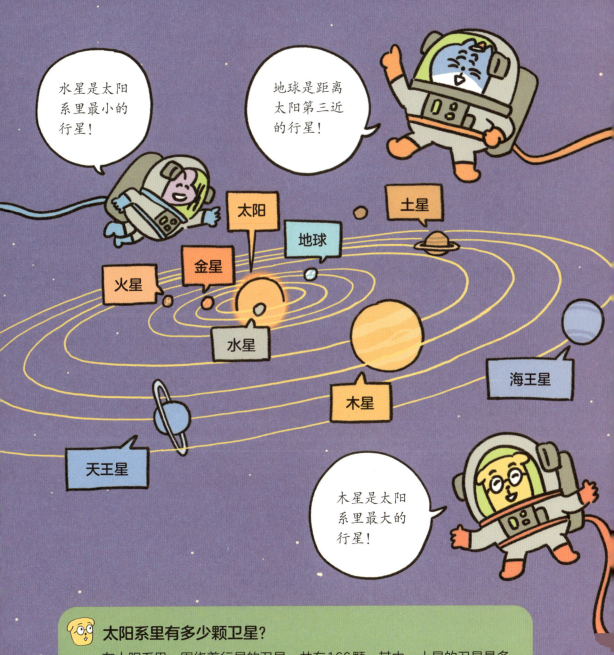

太阳系里有多少颗卫星？

在太阳系里，围绕着行星的卫星一共有166颗。其中，土星的卫星最多，有82颗。而水星和金星则没有卫星。地球的卫星只有月球。这些卫星的数量只是目前为止已经发现的数量，也许未来的某一天，又会发现新的卫星哦！

行星　为什么行星不会发生碰撞？

行星全部都向着同一个方向围绕着太阳转动。每个行星跟太阳之间的距离都不同。此外，它们围绕着太阳转一周所消耗的时间也各不相同。因为行星各自都在沿着自己的轨道围着太阳转，所以不会发生碰撞。

如果从太阳系上方俯瞰的话

 太阳系以外也有行星

宇宙中有很多恒星，它们周围也有一些行星围绕着它们旋转。由NASA（美国国家航空航天局）发射至太空的叫作"行星猎人"的开普勒望远镜，在9年零8个月中共发现了530506颗恒星和2662颗行星。听说它通常会先找到恒星，然后再寻找围绕在它身边的行星！

行星是指环绕着恒星运转的天体。在太阳系中，水星、金星、地球和火星是由岩石形成的"类地行星"。木星、土星、天王星和海王星则是以气体为主要成分构成的，叫作"类木行星"。

太阳系的行星们

分类	名称	水星	金星	地球	火星
类地行星	外观 *				
	体积 **	0.06	0.85	1	0.15
	和太阳的距离 ***	0.4	0.7	1	1.5
	特征	水星上没有大气，所以昼夜温差非常大	从地球上看到的金星十分明亮，所以它又被称作"启明星"	唯一一个有生命体存在的行星	火星上有火山和峡谷，还有海洋、湖泊的痕迹

分类	名称	木星	土星	天王星	海王星
类木行星	外观 *				
	体积 **	1316	761	63	57
	和太阳的距离 ***	5.2	9.6	19.1	30
	特征	太阳系中体积最大的行星	拥有许多环环相套的光环和目前为止最多的卫星	天王星外围也有很多光环，但非常暗淡	海王星外围也有很多光环，但和天王星一样，是暗淡模糊的

* 各行星照片仅反映外观，不能反映相对大小。

** 体积数字非实际数值，是假设地球体积为1，并在此基础上计算出的相对数值。

*** 和太阳的距离非实际数值，是假设地球与太阳的距离为1，并在此基础上计算出的相对数值。

北斗七星原本就是勺子状的吗？

不是的！组成北斗七星的七颗星分别是在不同的时间诞生的，也各自有着自己的"星路历程"。它们相互之间的距离非常非常遥远。同理，其他星座也是这样的！人们之所以把北斗七星整体看作"一个勺子"，是因为当我们从地球上望过去时，它们的大小和亮度差不多，所以自然而然地把它们当作一体。人们在天空中划分出"星座"，并赋予它们不同的故事。利用星座，也很容易找到恒星的位置。

看起来好像一个勺子啊。

北斗七星是北半球特有的恒星。"北斗"的意思是"北边的勺子"，"七星"指的是"一共有七颗星"。这些恒星都属于大熊星座。

北极星

5倍 4倍 3倍 2倍 1倍

北斗七星

在韩国，一年四季都可以看到北斗七星！

东方人从古代起就懂得通过北斗七星寻找北极星的方法。把勺头两颗星的距离延长5倍，就很容易找到北极星了。

用来辨别方向的"北极星"

北极星和其他恒星都不一样，它的位置几乎是不变的。所以在指南针出现之前，人们就是通过观察北极星来辨别方向的。当我们面对北极星的时候，右边是东方，左边是西方，背后是南方。

恒星是和太阳一样自身可以发光的天体。大部分恒星都距离地球非常非常远，所以在我们看来就像一个个小的光点。白天时阳光强烈，所以我们看不到恒星。人们按照恒星在天空中的自然分布，把它们划成大小不一的区域，这些区域就是**星座**。把星座内的恒星用线条连接起来，会形成不同的图形，人们根据图形给不同的星座命名。星座的形状几乎是不变的。

不同季节常见的星座！

春——狮子座

春天不容易看到非常明亮的恒星。相对来说比较显眼的是南方天空中的狮子座。

夏——天鹅座

夏天的夜晚，银河自北向南横跨天际。在银河所在的北方夜空中，很容易发现天鹅座的身影。

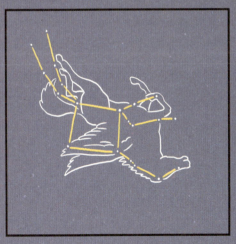

秋——飞马座

秋天和春天一样，很难发现特别明亮的恒星。在南方的夜空中试着找一个巨大的四边形吧，它就是飞马座。

冬——猎户座

在冬天的夜空中，大而明亮的恒星十分常见。在南方夜空中最容易找到的星座就是形似一个人的猎户座。

一直在自转的地球，如果突然停下的话？

什么，你也没有注意到地球在转动吗？虽然我们感觉不到，但地球的确正在以非常快的速度转动。地球在自身转动的同时，还在绕着太阳转动。假设一下，当地球突然停止自转的话会怎么样呢？那样的话，地球上所有生命体都将难以生存下去了。

就像疾驰的汽车突然停下时那样，车里所有的人和东西都将被弹飞出去。

地球在一天内无法均匀地接收到阳光的照射，昼夜将不再变换。

离心力消失，赤道地区的海水向极地倾斜。赤道会迎来极度干旱，极地将发生超大洪水。

一些国家和地区将陷入黑夜与寒冷，相反另一些国家和地区将迎来持久炎热的白昼。

看完这些以后，你很担心地球会停止自转吗？别担心啦。科学家说，即使地球停止了自转，也能在月球的引力下重新恢复的。

地球的自转是指地球以倾斜度约 23.5°的自转轴为中心，自西向东每天旋转一周的运动。由于地球的自转，太阳、月亮和星辰在一天内看起来是自东向西移动的。白天与夜晚的交替也是由于地球自转形成的。随着地球的自转，阳光照射时是白天，阳光照射不到时就是夜晚。

有没有和其他行星自转方向相反的行星？

　　太阳系内的行星大部分都和地球一样是逆时针自转的。但金星是唯一一个特殊的、顺时针方向自转的行星。原因是金星自转轴的倾斜方向和其他行星的自转轴相反。金星的自转轴约倾斜177.3度。科学家们推测，这是因为金星自诞生后就不断受到其他小行星的撞击，其自转轴的位置发生了改变。

听说太阳每天升起的位置都不一样?

因为太阳每天都是从东方升起的,所以你可能觉得标题中这句话是在胡说。实际情况是,虽然太阳每天都从东方升起,但它的位置的确是有些许差异的。因为地球是在自身略微倾斜的状态下,围绕着太阳转动的。以太阳为中心来看,地球的位置每天都会有一点点变化,所以太阳升起的位置也会随之略有不同。

萌米观日出

日出的位置不是一直向南移动的。在一年之中,日出的位置和时间会随着季节不断变化。

地球的公转是指地球自西向东围绕太阳转动一周，地球公转一周的时间是一年。地球在自转的同时，以太阳为中心公转。公转是指一个天体围绕另一个天体，沿一定轨道进行的周期性的循环运动。地球公转带来了四季的更替和星座位置的变化，日出的位置和高度也因此而不断发生改变。

躺着公转的行星——"天王星"

天王星由于经常受到小行星的冲撞，所以跟其他行星相比，它的自转轴发生了很大程度的倾斜。如果说其他行星是在略微倾斜的状态下转动的，那么自转轴倾斜约98度的天王星则是沿着公转轨道面骨碌碌地做着前滚翻。所以，天王星公转周期（约84年）的一半时间内只有北半球能够受到阳光的照射，另一半时间内只有南半球能够受到阳光的照射。

能够看懂月亮的话，我也会是推理王！

观察月亮的位置和月相就可以推测出时间。因为月相和我们所看到的月亮的位置总是不断变化的。比如说，在傍晚时看到满月就会知道："啊，已经阴历十五号了啊，而且月亮从东边升起！"因为在阴历十五号左右，满月总是在傍晚时分出现在东边的天空中。

**找到正确的画！
哪幅图画的是晚上七点
钟时东边的风景?**

正确答案是图1！
晚上七点是傍晚时分，正值太阳落山、月亮升起之际。傍晚时能够在东边天空中看到的应该是满月。因为新月是出现在西边天空的，所以图2是错误的！仔细阅读右边的内容更有助于理解哦！

月球的运动是指月球在自转的同时围绕地球公转。就像地球自转的同时还绕着太阳公转那样。在我们看来，以 30 天左右为一个周期，月相和月亮的位置每天都在发生着变化。这是因为月球环绕地球一周的时间大约是 30 天。

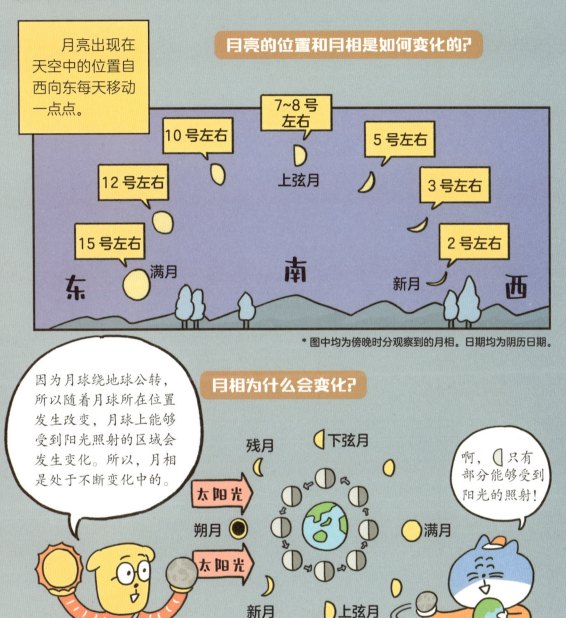

月亮出现在天空中的位置自西向东每天移动一点点。

月亮的位置和月相是如何变化的?

7~8 号左右 — 上弦月

10 号左右

5 号左右

12 号左右

3 号左右

15 号左右 — 满月

2 号左右

东　南　西

新月

* 图中均为傍晚时分观察到的月相。日期均为阴历日期。

月相为什么会变化?

因为月球绕地球公转，所以随着月球所在位置发生改变，月球上能够受到阳光照射的区域会发生变化。所以，月相是处于不断变化中的。

太阳光

残月　下弦月

朔月

太阳光

满月

新月　上弦月

啊，只有部分能够受到阳光的照射!

🐶 潮起潮落是因为地球和月球的力量吗?

地球和月球是相互牵引的，这股力量非常强大，可以吸引到地球上面对月球一侧的海水。背对月球的另一侧，随着地球自转产生的离心力也会使海水上涌。也就是说，这两个地方的海水会冲向陆地（涨潮），其他地区的海水则会向后退（退潮）。随着地球的自转，涨潮与退潮会反复出现。

太阳高度角 为什么说朝南的房子好?

大人们在买房子的时候都会说大窗朝南的房子好。朝南的房子之所以如此受欢迎,是因为夏天不热,冬天不冷。气温的冷热高低跟什么有关呢? 没错! 跟太阳的能量有关!

朝南的房子人气高的秘诀!

夏天

夏天时,仅有少量阳光进入室内。因为夏天的太阳高度角较大!

太阳光只能照进来一点点,真好。

冬天

冬天时太阳光可以充分地照射室内。因为冬天的太阳高度角较小!

啊,好暖和!

太阳高度角是指太阳光入射方向和地平面的夹角。当太阳高度角变大时，温度升高，影子变短。一天之中，正午时分的太阳高度角最大，此时的太阳高度角叫作"**正午太阳高度角**"。

不同季节时的正午太阳高度

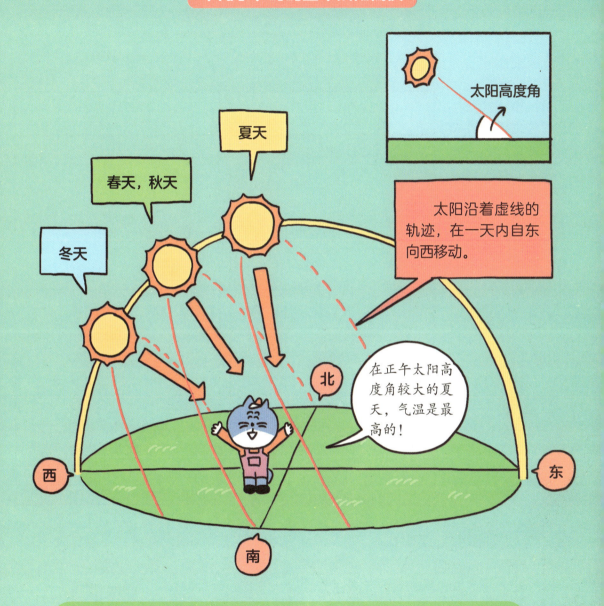

太阳高度角

夏天

春天，秋天

冬天

太阳沿着虚线的轨迹，在一天内自东向西移动。

北

在正午太阳高度角较大的夏天，气温是最高的！

西

东

南

冬夜比夏夜更长的原因

　　冬天的正午太阳高度角较小，所以太阳在空中的位置比夏天时要低。冬天时阳光斜照进房间，太阳会比夏天时更早落山，夜晚也就变长了。特别是12月22日左右的冬至日，那是一年中夜晚最长的日子。与此相反，夏天太阳的位置较高，日落比冬天时晚，夜晚也就会缩短了。一年中夜晚最短的日子是6月22日左右的夏至日。

季节变化 为什么有些地区的季节始终不变?

南极和北极一年中始终都是被冰层覆盖的,看起来好像总是处在冬天。但实际上,极地地区也是有季节之分的。地球在略微倾斜的状态下自转,一年到头都是斜着身子晒太阳的,所以地球上不同地区所接收到的太阳光是不同的,从而产生了四季的变化。南极和北极的夏天和冬天会出现十分神奇的现象,那就是极昼和极夜。

北极夏天的气温和韩国冬天的气温差不多。

北极

南极

南极夏天的气温大部分在零摄氏度以下。

极昼

夏天即使到了夜晚,太阳也不会落山。"极昼"又被称为"永昼"。

极夜

冬天即使在白天,太阳也不会升起。"极夜"又被称为"永夜"。

之所以会出现极昼和极夜现象,也是因为地球自转轴倾斜的缘故。请看下页!当自转轴向太阳方向倾斜时,就会持续白天。如果向太阳相反方向倾斜时,就会持续黑夜。

季节的变化是地球在自转轴倾斜约 23.5°的情况下围绕太阳公转而产生的。不同季节接收的太阳热能是不同的。夏天接收的太阳热能较多，冬天接收到的则较少。

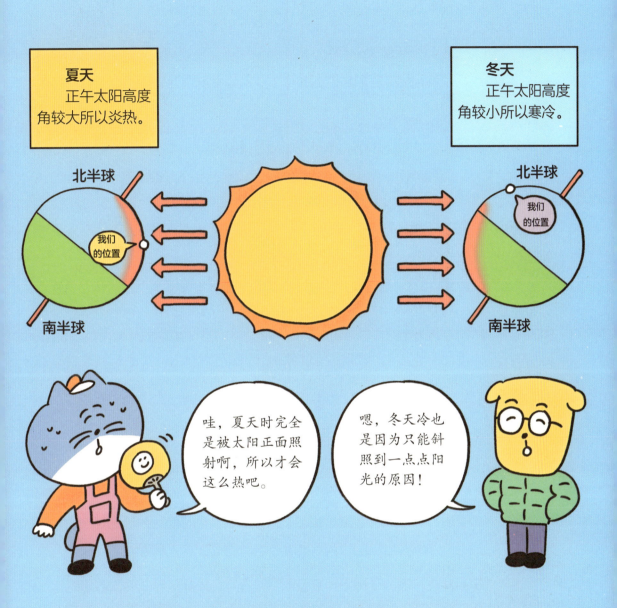

夏天
正午太阳高度角较大所以炎热。

冬天
正午太阳高度角较小所以寒冷。

北半球
我们的位置
南半球

北半球
我们的位置
南半球

哇，夏天时完全是被太阳正面照射啊，所以才会这么热吧。

嗯，冬天冷也是因为只能斜照到一点点阳光的原因！

澳大利亚的圣诞节为什么在盛夏时分？

和处于北半球的我们正相反，位于南半球的澳大利亚在12月份时才是盛夏时节。这也是地球自转轴倾斜的缘故。当我们在夏天距离太阳近的时候，澳大利亚则处在远离太阳的冬天。

小学科学教材知识点对照表

配合课本，学习效果更好哟！

知识点	奇妙科学研究所 ❶		知识点	奇妙科学研究所 ❷	
	关联概念	本书页码		关联概念	本书页码
物质的性质	物质	002	能量与生活	能量	002
物质的形态	固体	004		能量转化	052
	液体	006	磁铁的使用	磁铁	004
	气体	008		磁力和磁场	006
混合物的分离	混合物	012	声音的特性	声音	008
水的物态变化	物态变化	014		音量	010
	蒸发	016		音高	012
	沸腾	018		声音的反射	014
	凝结	020	物体的重量	重量	016
溶解和溶液	溶解	022		平衡控制	020
酸和碱	酸	024	影子和镜子	光	022
	碱	026		影子	024

索　引

按照字母顺序整理的科学术语都在这里啦!

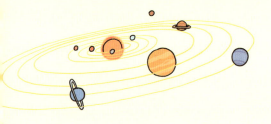

不明白的术语一定要搞清楚哦！请翻到对应的页码去看一看吧！

内 容 提 要

本套书是韩国畅销科普童书，根据韩国小学科学教材编写。全套书共两册，第1册为物质·生命，第2册为能量·地球，涵盖四大知识领域，共105个细分的概念，数百个知识点。全套书由两个Q萌可爱的卡通形象——萌米和喵靓为主角，从我们日常生活的内容出发，对孩子小学阶段必备的科学概念进行了探究，并用有趣的实验开启了孩子对科学的兴趣！全书用精美细腻的图画，简洁生动的文字，激发孩子对身边万物的求知欲，培养他们的深入探索精神，引领他们走进科学的殿堂。

图书在版编目（CIP）数据

奇妙科学研究所 ：全二册 ／（韩）李净雅著 ；（韩）罗仁完绘 ；向阳译. -- 北京 ：中国水利水电出版社，2022.5
　　ISBN 978-7-5226-0553-1

　　Ⅰ. ①奇… Ⅱ. ①李… ②罗… ③向… Ⅲ. ①科学知识－少儿读物 Ⅳ. ①Z228.1

中国版本图书馆CIP数据核字(2022)第041833号

과학 개념 연구소 시리즈 1: 물질·생명 (Science Concept Lab series 1: Material / Life)
과학 개념 연구소 시리즈 2: 에너지·지구 (Science Concept Lab series 2: Energy / Earth)
Text copyright © Jeong-ah Rhee, 2021
Illustrations copyright © In-wan Na, 2021
First published in Korean in 2021 by BIR Publishing Co., Ltd.
Simplified Chinese edition copyright © Beijing Land of Wisdom Books Co., Ltd., [2022]
All rights reserved.
This Simplified Chinese edition published by arrangement with BIR Publishing Co., Ltd. through
Shinwon Agency Co. and CA-LINK International LLC.

北京市版权局著作权合同登记号：01-2022-0668

书　　名	奇妙科学研究所（全二册） QIMIAO KEXUE YANJIUSUO （QUAN ER CE）
作　　者	［韩］李净雅 著　向 阳 译
绘　　者	［韩］罗仁完 绘
出版发行	中国水利水电出版社 （北京市海淀区玉渊潭南路1号D座　100038） 网址：www.waterpub.com.cn E-mail：sales@mwr.gov.cn 电话：（010）68545888（营销中心）
经　　售	北京科水图书销售有限公司 电话：（010）68545874、63202643 全国各地新华书店和相关出版物销售网点
排　　版	北京水利万物传媒有限公司
印　　刷	天津图文方嘉印刷有限公司
规　　格	180mm×260mm　16开本　16.25印张（总）　275千字（总）
版　　次	2022年5月第1版　2022年5月第1次印刷
定　　价	120.00元（全二册）

凡购买我社图书，如有缺页、倒页、脱页的，本社营销中心负责调换